"国防重器及战例集萃"丛书编委会

主　编　王景堂　肖裕声

副主编　曹卫东　刘　波　王　林

　　　　夏延献　刘济华　崔树森

　　　　王　维　刘　娜　寒　雪

国防重器及战例集萃·国防重器

水下黑鲨
潜　艇

主　编　王景堂　肖裕声
副主编　曹卫东　王　林　寒　雪
编　著　一　剑　寒　雪

北方联合出版传媒（集团）股份有限公司
辽海出版社

图书在版编目（CIP）数据

水下黑鲨——潜艇 / 王景堂，肖裕声主编. —沈阳：辽海出版社，2021.12
ISBN 978-7-5451-6233-2

Ⅰ.①水… Ⅱ.①王… ②肖… Ⅲ.①潜艇－世界－青少年读物 Ⅳ.①U674.76-49

中国版本图书馆CIP数据核字（2021）第247505号

出 版 者：	北方联合出版传媒（集团）股份有限公司
	辽 海 出 版 社
	（地址：沈阳市和平区十一纬路25号　邮编：110003）
印 刷 者：	辽宁新华印务有限公司
发 行 者：	北方联合出版传媒（集团）股份有限公司
	辽 海 出 版 社
幅面尺寸：	170mm×240mm
印　　张：	10.5
字　　数：	190千字
出版时间：	2022年3月第1版
印刷时间：	2022年3月第1次印刷
责任编辑：	胡佩杰　海美丽
特约编辑：	王庆芳
封面设计：	方加青
版式设计：	方加青
责任校对：	张　柠

书　　号：ISBN 978-7-5451-6233-2
定　　价：65.00元

购书电话：024-23285299
市场营销部：024-23261806
网　　址：http://www.lhph.com.cn
版权所有，翻印必究
法律顾问：辽宁普凯律师事务所　王　伟
如有质量问题，请与印刷厂联系调换
印刷厂电话：024-31255233
盗版举报电话：024-23284481
盗版举报信箱：liaohaichubanshe@163.com

以文弘道，止戈为武

中华民族是一个热爱和平的民族，自古就有"和为贵"的传统，以"大同天下、和睦共处"为理想。中华民族又是一个尚武的民族，自古就有文治武功的愿景，以文弘道，止戈为武。说到底，"尚武"的目的还是为了"止戈"，即争取和平。

中国几千年的历史，就是和平与战争并存的历史。先人们为了民族的繁衍生息，被迫与入侵者争战疆场，秦修长城为固边，汉御匈奴为安居……和平来之不易，武备不稍松懈。

进入近代以来，中华民族屡遭磨难。西方列强凭借坚船利炮，破我国门，杀我同胞，掠我金银。百年屈辱，号天不灵，只缘自身不硬。在苦难中，多少仁人志士奋起抗争，前仆后继，青史留名。历史的拐点，始于中国共产党的诞生。它高举马列主义大旗，实践武装革命，推翻三座大山，建立中华人民共和国，开启了民族复兴的征程。如今，四十多年改革开放让我们的国家走向强盛。但世界仍不太平，霸权主义阴魂不散，恐怖袭击搅得世界不宁。我们的社会主义事业需要和平安宁的外部环境，然而和平并非唾手可得。我们主张通过谈判解决争端，但是，霸权主义、强权政治往往只考虑自身利益，而置世界和平于不顾。面对挑战，我们只有顽强抗争才能维护自己的主权和发展利益。毛主席曾提出"人不犯我，我不犯人；人若犯我，我必犯人"的自卫原则，这是中国人民对待战争的态度。

要赢得战争，就得有实力。实力从何而来？习近平主席曾指出：一个国家是否强大不能单就经济总量大小而定，一个民族是否强盛也不能单凭人口规模、领土幅员多寡而定。近代史上，我国落后挨打的根子之一就是科技落后。就是说，科技在某种程度上可以决定国家的实力。同时，习主席强调："重大科技创新成果是国之重器、国之利器，必须牢牢掌握在自己手上，必须依靠自力更生、自主创新。"他还说："科技兴则民族兴，科技强则国家强。""只有把核心技术掌握在自己手中,才能真正掌握竞争和发展的主动权,才能从根本上保障国家经济安全、国防安全和其他安全。"这就给我们指出了增强国家实力的良方。要发展科技,就必须增强全民的科技意识,而其中的关键是培养和造就科技人才。

鉴于此,辽海出版社邀请军事、科技专家组建"国防重器及战例集萃"丛书编委会,组织编写军事科普读物18种,从国防重器,如航母、潜艇、轰炸机,到重要的常规武备,如坦克、火炮、装甲战车等,作了通俗而详尽的介绍。应当指出,丛书主要介绍了国外装备,然而他山之石,可以为我攻玉。这套丛书可以成为青少年增强科技意识、发扬尚武精神的好读物,从而为国家培养军事科技人才打好科普基础。

青少年朋友们,你们是祖国的未来、民族的希望,也是建设和保卫中国特色社会主义事业的可靠力量。中国人民站起来了,富起来了,但真正强大起来还得靠你们。你们使命光荣,任重而道远。愿你们奋发振作,努力学习,敢于创新,勇攀科技高峰,使自己成为能文能武、能征善战的时代英雄。我们诚心地将这套军事科普丛书献给你们,聊作你们新长征路上的一点给养。

青少年朋友们,努力吧!

王景堂
2020年10月1日

前言 PREFACE

从古至今,神秘的海底世界一直都是探险之地。中国古代"沉行海底"的"螺舟",古希腊亚历山大大帝的玻璃钟海底探险,都是探索海底世界的实例。

任何事物都有一个从无到有、从小到大、从简单到复杂的发展过程。潜艇的发展也不例外,也是经历了若干发展阶段才达到了现代水平。每一个发展阶段都有新事件的出现,是潜艇发展史不同阶段的见证。

美国"海龟"号潜艇作为最早参加实战的潜艇其实并不具备现代潜艇的雏形,而"亨利"号则是由废旧的锅炉改造的,并且将所有的艇员葬身大海,在潜艇史上留下了沉痛的教训。可以说,早期潜艇的发展并不顺利,而且性能往往不尽如人意。

到19世纪末20世纪初,真正现代意义上的潜艇终于诞生了。与其他水面作战舰艇相比,潜艇虽然很年轻,但是战争的舞台给了年轻稚嫩的潜艇充分展露锋芒的场所和机会,同时在海战的锤炼中不断促进潜艇的发展。

潜艇自从诞生以来,在海战中发挥着越来越重要的作用。特别是在第一次世界大战以后,潜艇得到广泛应用,成为大国争相发展的战备重器。

随着潜艇技术的不断发展,其作战任务也由最初单一的作战任务发展为近岸保护、突破封锁、侦察和掩护特种部队行动等多种任务。

前言 PREFACE

现代潜艇由于具有隐蔽性好、作战威力大、独立作战能力强等其他作战武器所不具备的优势，因此成为大中型战斗舰艇，特别是航空母舰的杀手。

回顾潜艇发展的历史，由于潜艇技术的不断创新发展，潜艇也从最初的"小打小闹"演变为今天被世界公认的战略性武器。

正因为如此，世界上许多国家都非常重视潜艇的发展。潜艇集现代科技装备之大成，广泛涉及造船、航空、动力、武器、电子、材料等诸多领域，是国家综合国力的象征，也是国家科技水平的缩影，特别是战略导弹核潜艇，迄今为止世界上仅有6个国家拥有。

近年来，随着世界各个国家在海洋权益方面争夺的加剧，人们对潜艇的兴趣日益增大，潜艇是什么？潜艇是如何构成的？潜艇上有哪些部门？潜艇艇员出海的生活如何保障？潜艇艇员如何培训？一个个问号吸引着人们的好奇心。

本书以时间脉络为主线，从潜艇的诞生和发展、两次世界大战的洗礼、动力推进系统的革命、侦察手段及武器装备、深海幽灵核潜艇及浅海杀手微型潜艇等方面入手，以浅显易懂的军事理论和生动纪实的海战实践来揭示潜艇不断发展壮大的奥秘。本书集知识性、科学性、趣味性和可读性于一身，具有内容丰富、资料翔实、评述深刻、观点新颖等特点。

目录 CONTENTS

Chap. 1
第一章 幽灵出世：潜艇早期发展

- 早期荒诞无用的想法 …………………………… 004
- 水下行走的"鸡蛋" …………………………… 005
- 带手摇桨与风帆的潜艇 ………………………… 008
- 一击成名的"亨利"号 ………………………… 010
- 现代潜艇的雏形 ………………………………… 011
- 在偏见中成长的幽灵 …………………………… 014

Chap. 2
第二章 潜龙闹海：第一次世界大战时期潜艇的生死决杀

- 改变海权结构的砝码 …………………………… 018
- U型潜艇的恐怖猎杀 …………………………… 020
- 一艇沉三舰的U-9 ……………………………… 021
- 一战中的"海上疯子" ………………………… 024
- 英国E级潜艇 …………………………………… 027

Chap. 3
第三章 巅峰对决：狼群与猎人的生死角逐

- "狼群"逞雄大洋 ……………………………… 032
- VII级U型潜艇 ………………………………… 034
- 胆大包天的"射水鱼"号 ……………………… 037
- "狼群"中最凶的"头狼"：U-47 …………… 039
- 东洋恶龙：乙型潜艇 …………………………… 042

目录 CONTENTS

Chap. 4
第四章 强悍心脏：神出鬼没的海底游龙

潜艇动力演变史……………………………………………………048
常规潜艇的动力革命——AIP ……………………………………050
核动力、AIP、柴—电动力哪家强 ………………………………052
核反应堆会爆炸吗…………………………………………………056
隐身新希望：超导磁流体推进……………………………………059

Chap. 5
第五章 耳聪目明：潜艇观察导航系统

潜艇的耳目——声呐………………………………………………064
功能齐全的声呐家族………………………………………………065
潜艇的"眼睛"——从潜望镜到光电桅杆 ………………………069
横空出世，深海罗盘技高一筹……………………………………072

Chap. 6 第六章 无与伦比：潜艇的构造与外观

- 巨鲨的钢铁身躯 ·········· 078
- 世界上第一艘水滴型潜艇 ·········· 080
- 潜艇能在水下待多久不上来 ·········· 084
- 潜射巡航导弹发射 ·········· 088
- 潜艇如何从水下深处发射弹道导弹 ·········· 091

Chap. 7 第七章 以矛制盾：大洋深处的危险

- 潜艇如何应对水下"克星" ·········· 096
- "猫和老鼠"的大战 ·········· 099
- 深水炸弹：潜艇的主要"杀手" ·········· 104
- 最可怕的"掉深"危险 ·········· 107

Chap. 8 第八章 深海幽灵：海底"蛟龙"神秘核武

- "鹦鹉螺"号：划时代的标志 ·········· 112
- 强大的攻击核潜艇——"海狼"级 ·········· 113
- "洛杉矶"级攻击型核潜艇 ·········· 118
- 浅海幽灵——"弗吉尼亚"级核攻击潜艇 ·········· 123
- 水下巨兽——"北风之神"级弹道导弹核潜艇 ·········· 127

Chap. 9 第九章 浅海杀手："艇小鬼大"的小型潜艇

以小制大的海底"幽灵" …………………… 134
朝鲜的"山高"级 …………………………… 136
"比拉鱼"钛合金袖珍潜艇 ………………… 137
袖珍潜艇XE-3 ……………………………… 140
"甲标的"袖珍潜艇 ………………………… 142

Chap. 10 第十章 折戟大洋：潜艇事故与灾难

"库尔斯克"号核潜艇的沉没 ……………… 148
"旧金山"号核潜艇失事 …………………… 150
美军"北梭鱼"号潜艇突发大火 …………… 152
苏联K-19号核潜艇事故 …………………… 154
一滴油漆闯下的大祸 ………………………… 156

第一章 幽灵出世：潜艇早期发展

Chap.1

潜艇经历了上千年的发展历史，但真正走向技术的成熟和性能的稳定是在经历了两次世界大战之后，其种类也逐渐变得很丰富。潜艇的发展历程就是人类不断探索和创新的过程，从起初的木质构造并人力驱动，到后来的铁甲身材并柴油动力，一直发展到今天的合金外壳并采用核动力，近一个多世纪取得了飞跃性发展，而每次大发展都和战争有着直接关联。

早期荒诞无用的想法

神秘的海洋，千百年来一直在召唤着我们。尤其是那深不见底的海底世界，更是吸引着人类去探寻、去征服。潜入海洋深处一直是人类的梦想。

潜艇将这个梦想变成了现实。而在潜艇发展的初始阶段，潜艇更像是一个稀奇古怪的玩具，而非真正的深海幽灵。

实际上，两千多年前就已经有了潜艇的雏形。古代有许多关于潜水故事的记载。其中就有一个关于亚历山大大帝的故事，他曾乘坐一种玻璃容器潜到海底做短暂停留。

公元前300多年，马其顿国王亚历山大一心想看看美丽的海洋世界。

有一天，一位大臣向他朝拜时说："皇帝陛下，大海碧波荡漾，海水滔滔，气势非凡，如神境一般。大王如亲临视察，真是神般的造化，洪福无边，整个大海将会统统归顺于陛下。"

众人把乘坐在玻璃容器内的亚历山大一起慢慢沉入大海。他看到了奇妙的海底世界，各种海底生物游来游去令他目不暇接。

古希腊物理学家阿基米德在公元前245年前就发现了浮力定律，这就为各种船只以及潜艇的设计和制造奠定了基础。

据史书记载，在我国的晋朝时期，西域人曾赠予一艘名叫"伦波舟"的小船。这艘小船能够在水中行驶自如且封闭严密。这一记载说明人类在很早就有了建造潜水器的想法。

1578年，英国人威廉·伯恩出版了一本名叫《发明》的著作，他在这部著作中提到要建造一艘能够潜入水中航行的船。这是第一次有资料可查关于潜艇的记录。

威廉·伯恩对潜水船的设计还给出了详细的方案并提出改变船的体积来实现船的上浮或下沉。他的设想虽然没有能够变为现实，但为潜艇的设计提供了一些参考。

1620年，荷兰人科尼利斯·德

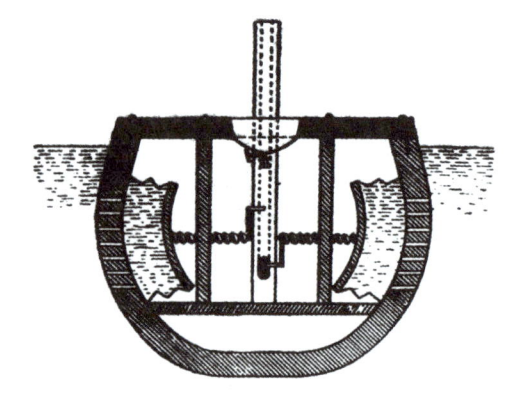

➤ 图1-1 1578年威廉·伯恩构想的潜艇原理图

雷布尔设计出了第一艘外面用牛皮蒙起来的木质潜艇，艇内的压载水舱是用羊皮做成的。当羊皮囊内注满水后船的重量增加就会下潜；反之，就会浮上来。

这艘以人力为动力来源的潜水船能够搭载12名船员下潜近五米，由于这艘潜水船是以羊皮囊来控制上浮以及下潜的，所以人们称这艘船为"隐蔽的鳗鱼"。这是人类历史上第一艘能够在水下潜行的船只。

德雷布尔的设计开创了船只在水下航行的纪录，他发明的这艘潜水船被认为是潜艇的雏形。

▶ 图1-2 荷兰发明家科尼利斯·德雷布尔

水下行走的"鸡蛋"

新式武器的发展往往离不开战争，战争的迫切需要可以迅速催生出各种新型武器，潜艇也不例外。在1776年的美国独立战争中，潜艇第一次登上了战争舞台。

1775年，为了驱逐英国舰队，在华盛顿的支持下，布什内尔建成了第一艘用于战斗的潜艇。这艘外形像龟壳一样的潜艇被人们称为"海龟"号。

1776年《独立宣言》签订后不久的一个深夜，一艘英军巡逻艇正停在斯塔顿岛上。突然，英国士兵发现了一个在水面缓缓移动的怪物。

英国士兵决定前往察看，然而被一声巨响吓得停了下来。英国人不敢贸然前行，这一怪物乘机溜走，虽然没有取得任何战果，但这是人类历史上第一次潜艇攻击。

在北美独立战争中，英国在海洋方面占有绝对优势，面对强大的英军战舰，布什内尔突发奇想——潜行至水下，炸沉英舰。而且这一想法还得到了华盛顿将军的重视。

从那时起，布什内尔开始思索如何解决这些问题。首先是要解决火药在水下爆炸的问题，其次是要解决如何把水雷送至目的地的问题。布什内尔最终决定造一艘简单实用的木制单人驾驶潜艇直接控制运送火药桶到英军舰引爆。

布什内尔设计建造的潜水艇外形像水桶，浮在水中又像一个蛋，样子比较滑稽，不过紧靠在舵上面的150磅重的火药桶却绝不可笑。

这艘"海龟"可以在水下潜航半小时不浮出水面，此外，该潜艇还有两根通气管来给艇员补充新鲜空气。"海龟"号潜艇可以下潜至水下6米且保持稳定。

操纵者通过用脚操纵脚闸就可以打开水阀让水进来，实现艇的上浮和下潜，通过调整两个操纵器和舵，艇就可以向前潜航了。

艇上有水深计和定位罗盘。当攻击敌人的舰艇时，抛掉压载的铅块下潜至敌舰下方将炸药固定，当远离危险区域后引爆炸药。

最早确定的攻击目标是一艘"鹰"号帆船，由一位名叫埃兹拉·李的上士来操纵。天渐渐暗下来，"海龟"开始行动了。

李操纵着"海龟"艇靠近敌舰时就下潜到敌舰正下方位置。由于他缺少经验，钻头钻在一块金属片上使艇难以停住，他决定放弃攻击驾艇返航。

然而，英军发现了它并进行追击。李情急之下施放出"鱼雷"并启动定时爆炸装置。虽然潜艇第一次参加战斗并不成功，但"海龟"第一次将战场发展到了水下，从此"海龟"艇赢得了世界上"第一艘军用潜艇"的美名。

美国这艘不起眼的小"海龟"引起了其他各国的极大兴趣并纷纷仿制。1880年，洋务运动正在如火如荼进行的中国，也造出了一艘形如橄榄的潜艇。

第一次世界大战期间，是潜艇发展十分迅速的时期，排水量由几十吨发展到数百吨，武器装备已经有了火炮、鱼雷等，推进系统开始使用柴油和电力。潜艇在水面时，柴油机作为驱动动力并同时给蓄电池充电；潜艇在水下时，改由蓄电池向电动机供电作为动力推进潜艇。

1914年9月23日，德军的一艘不到600吨的U-9号潜艇在不到一小时的时间内，将英军3艘万吨级的巡洋舰相继击沉。这一纪录，至今都没有被打破。

至此，潜艇的超高人气，越来越引起各国的关注，显示出重要作用。在海洋权益日趋重要的今天，被称为"海底杀手"的潜艇，正成为许多国家最有力的海上攻防武器。

> 图1-3 原始的"海龟"艇

带手摇桨与风帆的潜艇

大约一个半世纪的时间内,潜艇并无明显发展的迹象。大体看来,一些尝试都是无济于事的,因为这些尝试没能在前辈创造的基础上有什么发展。直到18世纪末,一位天才人物才使潜艇有了长足的发展。

18世纪末到19世纪初,爱尔兰裔美国人罗伯特·富尔顿为推动近代潜艇的发展做出了重要贡献。

从小就酷爱机械工程的罗伯特·富尔顿,出生于美国的宾夕法尼亚州。他一直设想要发明一种可以在水下进行作战的潜水船。

23岁时,他只身一人漂洋过海,来到英国向英国政府推销他的发明。受到独立战争的影响,英国政府拒绝了他的发明。三年之后,富尔顿又移居法国,希望得到这个国家的欣赏。

然而,他设计的潜艇并没有得到当时法国海军大佬的欢心,他只得再度"流亡"他国,在欧洲转来转去。

又是三年,此时法国已是拿破仑主政,且与英国全面开战。由于此时法国对潜艇有现实的需求,因此富尔顿游说成功并获得一笔经费,用于研制潜艇。

1801年5月,富尔顿制成一艘"鹦鹉螺"号潜艇。"鹦鹉螺"号的外壳是铜的,艇长6.89米,直径最大处为3米,指挥塔在潜艇的中央,水面航行时用风帆来推进,水下航行时用人力螺旋桨推进。

显然,相比于布什内尔的"海龟"号,"鹦鹉螺"号大了不少,可容纳4人,水下可以持续待3小时,并且由铜铁混合材质建成,十分坚固。

"鹦鹉螺"号潜艇的外形像一艘小船。最为奇特的是配备了水上靠帆、水下靠踩的双重支力。为了控制航行的方向和下潜的深度,潜艇有方向舵和升降舵。

艇上带有压缩空气可以解决水下的呼吸问题,可供4人在水下使用3小时,下潜深度约8—9米,攻击武器为水雷。

"鹦鹉螺"号在实验中成功地击毁了一艘靶舰。因此,富尔顿获得了法国海军要追加建造两艘更大

➢ 图1-4 罗伯特·富尔顿纪念邮票

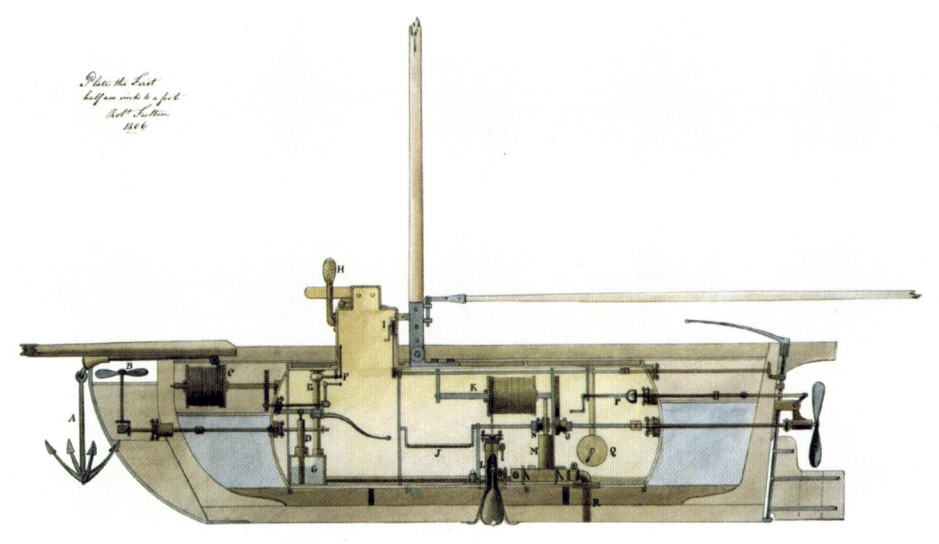

▷ 图1-5 1806年罗伯特·富尔顿设计的带有螺旋桨的潜艇

更强潜艇的许诺。

倒霉的是,当拿破仑亲自前来视察富尔顿的潜艇时,这家伙却意外地出了状况,随后富尔顿被驱逐出法国。

富尔顿也不是好惹的!"法国驱逐我,那我就去为法国的敌人——英国效力。"富尔顿在英国得到了时任英国首相威廉·皮特的赏识,他以一艘改进过的"鹦鹉螺"号,在1805年成功地击毁了英国军舰。

但威廉·皮特首相在富尔顿到英国一年后便离世,富尔顿成了讨厌的人,时任英国海军大臣约翰·杰维斯怒气冲冲地表示:"皮特是有史以来最蠢的人,他竟然鼓励这样一种作战方式,这种方式是掌握了制海权的人所不需要的,如果这种作战方式成功,我们的制海权就会立刻被剥夺掉!"

富尔顿就这样又被撵走了,而这位英国海军大臣的言论正确与否,只有在以后的实践中来验证。

"鹦鹉螺"号虽然命运不济,但从它的设计以及材料来看是潜艇发展中的巨大进步,它从各方面都远超"海龟"号,甚至在许多方面已经非常接近现代潜艇了。特别是它首次使用了水平舵,这既改变了潜艇在水中的深度,也极大地改善了潜艇的操纵性。

德国人鲍尔参照富尔顿的设计制成了"火焰"号潜艇,在试验中意外沉入海底,鲍尔和同伴安全浮出水面。这是艇员海底成功逃生的第一例。

后来,富尔顿回到美国又发明了轮船。有史料称他又建造了一艘能装100

人的大型潜艇，名为"沉默"号，可惜没有来得及首航，这位大发明家就去世了。

一击成名的"亨利"号

潜艇自问世以来，一直被世界各国所关注。早期潜艇的动力大都是利用人力作为动力，而且有多种形式的人力推进潜艇。

美国南北战争期间的"亨利"号是潜艇发展史上最后一艘人力推进潜艇，它也是海战史上第一艘击沉敌舰的潜艇。

1861年，美国南北战争激战正酣，联邦军队（北军）凭着强大的海军优势把几乎没有海军的南军打得一筹莫展。

"亨利"号潜艇是南军海军上校亨利为了突破北部联邦海军的海上封锁而出资建造的，实际上它是一台改建的锅炉。

艇尾部的螺旋桨是由八名桨手的转动来前进。艇上可以用缆绳拖带水雷。在水下战斗时，"亨利"号先将水雷拖入敌舰的下面，潜行至安全距离后再引爆水雷击毁敌舰。

▷ 图1-6　2000年8月8日南卡罗来纳州北查尔斯顿打捞出水的"亨利"号潜艇

"亨利"号第一次实验时遇到一艘蒸汽船掀起的波浪，将水灌入艇内，艇员几乎全军覆没，它的第一次试验就这样悲惨结束。

1863年，经过修理后的"亨利"号再次进行实验。这次实验又一次发生意外，艇员只生还了两人。

1863年10月15日，亨利决定亲自在查尔斯顿港举行潜行实验。那天，观众云集。由于"亨利"号潜艇的长宽比例不相称，再加上操作失误，使船身大幅度发生倾斜，不久便沉入海底，包括亨利在内的所有艇员全部死亡。

虽然"亨利"号屡次失败，损失惨重，但实验却一直没有停下，经过重新改造后，"亨利"号又开始了新的任务。

1864年2月17日深夜，为了打破北部联邦海军对查尔斯顿港的封锁，南方联邦的多艘水雷艇和"亨利"号潜艇悄悄逼近港口，"亨利"号潜艇向"豪萨

> 图 1-7 "亨利"号潜艇

托尼克"号巡洋舰发射了一枚重达 90 磅的鱼雷,一举将其击沉。

小小的潜艇能对大型水面舰艇给予致命一击这还是海战史上的第一次。

现代潜艇的雏形

"霍兰"号潜艇是约翰·霍兰设计的第六艘潜艇,它是现代潜艇的雏形,在潜艇发展史上有着重要地位。

在潜艇的发展史上,约翰·霍兰是当之无愧的最大贡献者。

1841 年 2 月,出生在爱尔兰的约翰·霍兰由于受父亲的影响,从小便对大海产生了兴趣。可是好景不长,18 岁时父亲去世,他只能被迫中断学业参加工作,同时对还是新鲜事物的潜艇产生了兴趣,并开始了研究设计工作。

1873 年,霍兰辞掉工作到了美国,他对潜艇的设计图纸不断修改完善。1875 年的一天,霍兰将他设计的一艘机器动力的潜艇图纸交给了美国海军,用来抗击英军。

然而,由于三年前的一次潜艇灾难使得美国人对制造潜艇没有任何兴趣,果断拒绝了霍兰的计划。

困难并没有打败霍兰,很快他便得到了由一些流亡爱尔兰革命者所组成的一个叫"芬尼亚社"组织的支持,他们为霍兰建造机器动力潜艇提供资金。

经过几年的不懈努力,霍兰终于建成了他的第一艘潜艇"霍兰-1"号,该潜艇装有一台汽油发动机,长约5米,能够以每小时3.5海里的速度水下航行。

可是,由于内燃机在水下所需要的氧气问题没有得到解决,因此,该潜艇的发动机一下水便停止了工作。

这艘潜艇虽然失败了,但是,霍兰从这次失败中积累了丰富的经验,为以后设计和建造新的潜艇打下了基础。

1881年,霍兰的第二艘潜艇建造完成了,这艘潜艇被命名为"霍兰-2"号,又叫"芬尼亚撞角"号。这艘潜艇长10米,排水量为19吨,装有一台功率为11千瓦的内燃机,该艇最为成功的地方在于安装了保持纵向稳定的升降舵。

后来,"芬尼亚撞角"号进行了一系列重大的改装。在武器方面,加装了气动力加农炮,它能够在水下发射鱼雷,使潜艇成了"水下炮艇"。

不过,这艘潜艇从来没有用于实战,而且"芬尼亚社"组织内的一些人对霍兰开始失去信心,不久便中止了对他的资金支持,并把他的第三艘潜艇和"霍兰-2"号悄悄运走了。

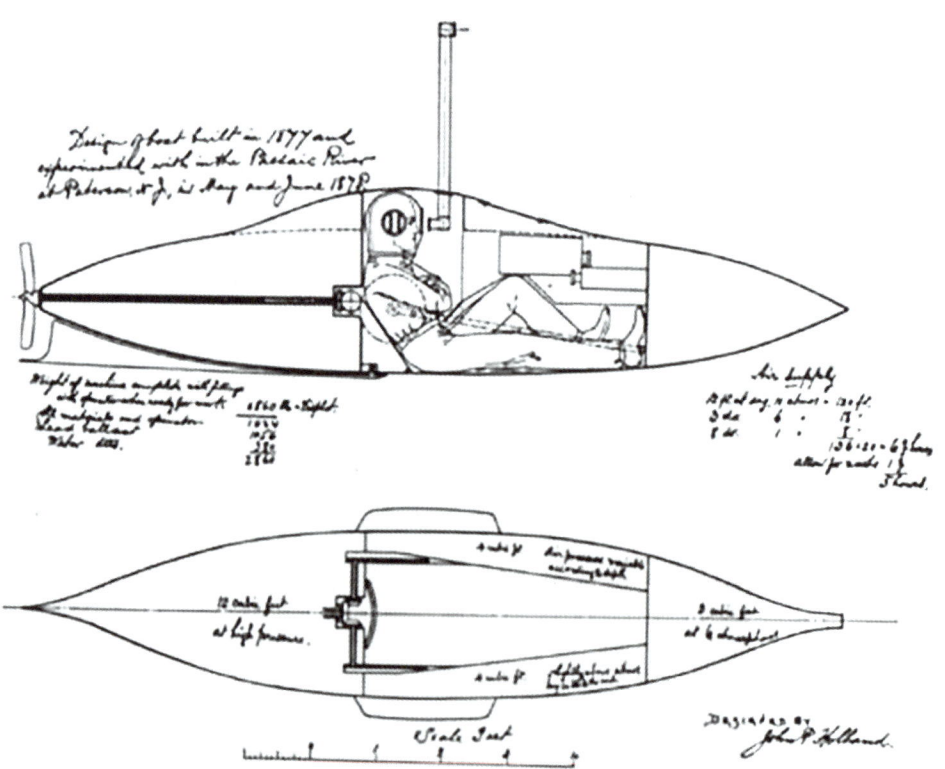

> 图1-8 1878年约翰·霍兰设计的潜艇

失去了"芬尼亚社"的资助，霍兰只得暂停潜艇的研究工作。后来，在朋友们的支持下，他又和一位炮兵上尉扎林斯基合办了一家潜艇公司。

他们设计并制造的第四艘潜艇便命名为"扎林斯基"号，但是，由于在实验中滑道倒塌而导致潜艇被毁。

1893年，一艘当时最先进的潜艇在法国诞生了。这件事引起了美国海军的关注，为此还举行了一次潜艇设计比赛。比赛中霍兰一举翻身，他不仅赢得了15万美元的经费，还接到了一艘潜艇的订货单，于是霍兰又开始了第五艘潜艇的设计。

他的第五艘潜艇名为"潜水者"。该潜艇最为先进的地方在于采用了双推进装置，在水面航行时采用蒸汽机动力装置，水下潜航时是电动机动力推进装置。"潜水者"是最早采用双推进系统的潜艇。

1897年5月，霍兰又建成了他的第六艘潜艇，这也是他一生中设计建造的最后一艘潜艇，命名为"霍兰–6"号，该型潜艇采用了汽油发动机和蓄电池为动力的双推进系统。

该艇武器系统为一具配有3枚鱼雷的艇首鱼雷发射管和2门火炮。该艇水上航行平稳，下潜迅速，机动灵活并且能在水下发射鱼雷。

这是当时所有潜艇设计与制造上最为成功的一艘潜艇，特别是双推进动力装置的运用，霍兰也因此被称为"现代潜艇的鼻祖"。

➢ 图1-9 航行中的"霍兰SS-3"号潜艇

1914年8月12日，73岁的霍兰积劳成疾因病去世。一个多月后，德国的U-9号潜艇在不到24小时内接连击沉了英国三艘重型巡洋舰，举世震惊。

德国人正是根据霍兰的潜艇结构和原理，设计和建造出了让世界为之震惊的潜艇。这也同时引起一些国家的关注，掀起了建造潜艇的浪潮。

在偏见中成长的幽灵

从 16 世纪真正意义上的潜艇出现，潜艇一直没有引起各国的特别重视，直到 19 世纪初，各国对它仍存有偏见，认为它只是一种偷袭武器，甚至被俘艇员可能会被以海盗论处。

第一次世界大战时期，潜艇在战争中发挥了重要作用，同时，由于生产力的提高，潜艇技术也得到了飞快的发展，在第一次世界大战之后，其重要作用才被各国意识到。

19 世纪末，法国的潜艇设计与制造走在了世界的前列，1899 年下水的"纳维尔"号就首次采用双壳体结构的设计。

"纳维尔"号既有一个类似鱼雷艇的坚硬外壳，又有一个耐压的内壳，压载水柜就设计在内外壳之间。潜艇的下潜与上浮就通过控制压载水舱的水来实现。

"纳维尔"号的创新性设计使潜艇发生了革命性的变化，双壳体潜艇由此而诞生，人们认为"纳维尔"号潜艇开启了双壳体潜艇的先河。

同时期的美国也有一个设计双壳体潜艇的青年人叫西蒙·莱克，他从小受法国儒勒·凡尔纳的科幻小说《海底两万里》的影响，一直幻想要建造一艘潜艇去探索神奇的大海。

1893 年，经过不懈的努力他终于建成了第一艘潜艇——"小亚古尔爸爸"号。该潜艇有一个像大柜子一样的外形，艇体下有三个用人工来驱动的木制的轮子。潜艇的下沉和上浮是通过装载的压载物来实现，如果要想上升到海面，只需把压载物抛掉，艇体就能够上浮到水面。

莱克最初建造潜艇的本意是探索海底迷人的生物世界。他从建造潜艇的那一刻起就设计了一个空气的压缩设备和一个空气闸舱，通过这些设计就可以从潜艇中走出来采集海底生物。

后来，莱克又进一步改进了"小亚古尔爸爸"号，改过以后的潜艇抛弃了之前的人工动力而采用了一台 22 千瓦的汽油发动机来做动力，取名为"亚古尔"号。

潜艇在水下航行，汽油机做动力必须解决空气的问题，莱克在艇上安装有吸气管和排烟管，并在吸气管和排烟管外包上一层外壳。这样使"亚古尔"号有了第二层艇壳，不仅提高了潜艇的适航性，也延长了潜艇水下滞留时间。

1898年，"亚古尔"号潜艇第一次依靠自身的动力实现了从弗吉尼亚的诺福克到纽约的航行，这也是第一艘在公海进行长距离航行的潜艇。

1901年，莱克建造了第二艘可用于水下作战的潜艇"保护者"号，他本想把这艘潜艇的设计提供给美国海军，但遭到了拒绝，从而埋没了一代潜艇发明家的才华。

▶ 图1-10 "亚古尔"号潜艇

霍兰和莱克性能优良的潜艇先后遭到美国的拒绝。美国的短视，致使其在潜艇发展中落在了法国的后面。

19世纪末，潜艇已发展成为一种在海战中颇具实效的武器，但它在大多数国家仍然没有引起足够的重视。1898年，法国的"古斯塔夫·齐德"号潜艇用鱼雷击沉了英国的"马琴他"号战列舰，这才使各国海军对潜艇的作用有了重新的认识。

20世纪初期，潜艇的设计与制造越来越先进，双层壳体成为普遍采用的艇体结构，排水量大都在数百吨，推进系统采用柴油机和电动机双推进系统，具有良好的适航性和续航能力，武器系统开始有了火炮和鱼雷。潜艇的实战能力越来越强。

第一次世界大战初始，潜艇便发挥了巨大的威力，如德国的一艘不足600吨的U-9号潜艇在一个小时内将英国的三艘巡洋舰全部击沉就是实例。

在整个一战期间，德军的U型潜艇专门猎杀盟军海上交通线上的运输船，共击沉运输船只5000多艘，物质总量为1400万吨。

潜艇在海战中大显身手的同时，反潜作战也在快速发展，一战期间大约有265艘潜艇葬身大海，其中德国被击沉的潜艇就有200多艘。

第一次世界大战结束以后，各海军国家开始大力发展潜艇。潜艇的性能质量以及数量都得到快速发展。

第二章

战时期潜艇的生死决杀
潜龙闹海：第一次世界大战

Chap.2

当潜艇在海战中显示出巨大的威力，它便吸引了世界各国的目光，特别是世界海洋军事强国不惜投入巨资研究，使潜艇的性能日益增强。一战期间，德国在潜艇的研制和使用上走在了其他国家的前面。第一次世界大战中，各国的潜艇创造了一次又一次惊人的战绩。

改变海权结构的砝码

在第一次世界大战中,英国海军遭到德国潜艇的重击,这也让世界各国认识到潜艇的威力。潜艇以其巨大威力改变了当时海权力量结构,引起各国的重视,各国自然也开始争先恐后地研制潜艇。

潜艇在一战初已是当时最先进的水下兵器,其隐蔽性、破坏性都非常惊人。特别是德国在海战使用潜艇方面要比其他国家更有心得,而盟军对付潜艇的方法却不多。这样,德国的非对称优势就非常明显。

潜艇以其隐蔽性而成为一种极难对付的海上利器,是现代海上编队不可或缺的重要组成部分。但是,在第一次世界大战爆发时,潜艇还只是一种作用不明显的新鲜事物。由于没有经过实战的检验,潜艇的战术和理论几乎还是空白。

不过,经过四年海上战争的磨炼,到1918年底,潜艇作为一种有效海战武器的作用已经不再被怀疑。

在潜艇发展的过程中,德国无疑是理论和实践的先行者,而且德国人较早地认识到了潜艇的威力并制订了大力发展潜艇的计划。

在战争爆发之初,潜艇很快就向世人展示出了它可怕的能量。德国在战争中学习战争,不断摸索潜艇战法,让潜艇攻击作用发挥到了极致。

➢ 图2-1 德国U型潜艇

1914年10月20日，在挪威海域，德国的一艘U-17号潜艇拦截了一艘英国货轮"格利特拉"号，并按照战争法的相关规定，让其乘员离船乘上救生艇以后，打开船底阀将其凿沉。这是一战中发生最早的潜艇击沉商船的战例。

然而，仅仅6天之后，U-24的艇长施奈德上尉在未加警告的情况下，向一艘法国轮船"海军上将冈托姆"号进行攻击。当时，这艘轮船上载有2500名比利时难民，虽未将其击沉，但却造成了船上30多人的死难。这次事件向世人展示了潜艇的可怕面目，在当时引起了不小的震撼。

在1915年，根据德国的统计，协约国以及中立国的商船，被潜艇包括潜艇布设的水雷在内，一共击沉636艘，共计1192000总登记吨。

德国越来越认识到，赢得海战胜利的决定力量是潜艇，而不是水面舰队，并从"无限制潜艇战"中斩获颇丰。

1917年，德国开始全面实施"无限制潜艇战"。此时，德国在前线作战的潜艇有105艘，德国造船厂都停止了造主力战舰，全部建造潜艇。一战期间，德国建造了330艘潜艇，停战后，尚有能作战的潜艇176艘。

据统计，第一次世界大战中，德国潜艇部队一共击沉了5282艘商船，取得了约1200多万吨的战果，造成平民伤亡约15000人。德国损失了178艘潜艇，有5000多名海军官兵葬身海底。

在第一次世界大战前，潜艇部队还是一股充满了未知数的力量，而在大战

▷ 图2-2 德国U型潜艇发射鱼雷

之中，潜艇的巨大潜能得到了巨大的释放，让世人刮目相看。尤其重要的是潜艇的出现改变了海权的结构。以往衡量一个国家海上力量的强弱，只要计算其主力舰的数量便可以比较简单地得出结论。但是，潜艇的出现却彻底打破了这个格局。

U型潜艇的恐怖猎杀

1914年9月，U-9号潜艇只用了一小时，就将英国3艘万吨级的巡洋舰击沉，造成英国海军官兵1459人葬身海底。

1939年10月，U-47号潜艇又一举击沉"皇家橡树"号战列舰。此次偷袭造成舰上24名军官和809人丧生，只有375人生还。

……

在两次世界大战中，德军的水下幽灵令盟军望而生畏，心生恐惧。在第一次世界大战中，德国潜艇共击沉舰船5906艘；第二次世界大战中，德国潜艇共击沉舰船3500艘，造成45000人死亡。

在大西洋海域，性能先进的德国U型潜艇频繁攻击盟军的补给船队和护航编队。仅在1942年11月，盟军就有118艘船被U型潜艇击沉，德军创下了一个月共击沉74万吨级的纪录，盟军损失惨重。

德国在海战中使用的U型潜艇以其卓越的水下机动性和作战能力在海上出

➤ 图2-3 ⅦC/41型潜艇U-995

尽了风头，被称为"大西洋上最令人恐惧的武器"。

U型潜艇是专指两次世界大战中德国使用的潜艇。德国潜艇的编号都使用德文"Untersee-boot"也就是"潜艇"的意思（英文为U-boat）的首字母U加数字命名，如U-47。

1906年，德国建造了第一艘U-1号潜艇，这之后便成为了大西洋上最令人恐惧的武器。之后，又建造了Ⅱ型、Ⅶ型、Ⅸ型，还有用于补给油料的潜水油船ⅩⅣ型（绰号"奶牛"），以及用于布雷的Ⅹ型、ⅩⅪ（21）型、ⅩⅩⅢ（23）型。

第一次世界大战后，德国受《凡尔赛和约》的限制不能拥有潜艇。在希特勒上台后开始在荷兰、芬兰进行潜艇的秘密设计工作，主要设计用于远洋作战的大型潜艇。

1935年，希特勒宣布退出《凡尔赛和约》，同年与英国签订了《限制海军军备条约》，条约允许德国拥有约为英国海军45%的规模，此条约让德国开始重新建造潜艇。

德国建造的第一批具有战斗力的潜艇是ⅡA型。ⅡA型并不先进，其主要是用来训练优秀的艇员和为以后建造潜艇提供可靠的数据。

此后，德国海军又改进成ⅡB型潜艇。ⅡB型潜艇在下潜深度和耐压性方面要比ⅡA型强很多，ⅡB型一共建造了20艘。ⅡB型服役后，成为当时德国主力潜艇。

第二次世界大战爆发后，海战中水下潜艇取代水面舰艇成为主角，各国建造的潜艇总数达到了2100余艘。

二战期间，潜艇击沉了17艘航空母舰、3艘战列舰、32艘巡洋舰和122艘驱逐舰等，共计395艘作战舰艇。

一艇沉三舰的U-9

潜艇在海战中的优异表现颠覆了人们对潜艇的认知，1914年夏，许多海军强国开始筹建自己的潜艇部队。

不过，一战期间水面舰艇特别是战列舰还是各国海军的主力，而潜艇还只是辅助舰艇。

在所有海军强国中，性能最为优异的是德国潜艇，它们水下可航行1小时左右，极限下潜深度可达200多米。其优异的作战能力在海上大展雄风。

▷ 图 2-4　德国海军的 U-9 号潜艇

　　海战史上，小船击沉大舰的战例有不少。但是一艘 300 吨的小船在一天之内击沉三艘累计 30000 多吨战舰的战果却史无前例，这就是德国 U-9 号潜艇的经典之作。

　　第一次世界大战爆发之后，随着战争的进行，潜舰的重要性开始显现，到 1916 年，潜艇战已成为德国海军的主要攻击手段。

　　最初，德国潜艇就设计优良，采用了双壳体结构和双轴推进。在早期潜艇的动力来源上，德国工程师采用较为安全的煤油作为燃料。再到后来，潜艇的主机又换成了柴油机。

　　在海战中，德国潜艇每每先发制人，其可怕的破坏力令缺乏戒备的水面舰船屡遭灭顶之灾。在这些潜艇中，当时设计最成功、表现最可靠的就是 U 型艇。作为首批参与作战巡航的 U 艇之一，U-9 号在大战爆发不久便旗开得胜。

　　1914 年 9 月 22 日，当该艇巡弋至多格尔沙洲南部时，奥托·韦迪根发现了英国第七巡洋舰分队的 3 艘巡洋舰，即英国皇家海军的"霍格"号、"阿布基尔"号和"克雷西"号，排水量均为 12000 吨。

　　由于海况恶劣，韦迪根不得不将 U-9 号潜至水下。本来他的任务是攻击奥斯坦德的英国运输船队，但当潜艇浮出水面后，3 艘英国巡洋舰进入了韦迪根的视野，这在他看来实为不容错过的天赐战机。

> 图 2-5 英国皇家海军的"阿布基尔"号

6 点 20 分，U-9 号向距离最近的"阿布基尔"号巡洋舰发射了 1 枚鱼雷，该舰右舷中雷，随即因主机舱进水而被迫停船。

鉴于未发现潜艇航迹，"阿布基尔"号舰长遂认定战舰是触雷受创，并命令另外 2 舰靠近施救。由于爆炸破坏严重，加之用以施放救生艇的蒸汽绞车失灵，故只有 1 条救生艇成功驶离战舰。"阿布基尔"号最终倾覆，5 分钟后沉入海底。

韦迪根随即转向下一个目标，并在 270 米距离上向"霍格"号发射了 2 枚鱼雷。随后 U-9 号艇艏猛然上扬出水并被"霍格"号发现，后者旋即赶在前者下潜前开火，但很快也被鱼雷击中。仅仅 10 分钟后，"霍格"号便倾覆沉没。

7 时 20 分，韦迪根用艇艉鱼雷管向"克雷西"号发射了 2 枚鱼雷，1 枚失的。鉴于此，韦迪根又将艇艏鱼雷管对准敌舰，并在 500 米距离上发射了仅剩的 1 枚鱼雷。自艇艏鱼雷管发射的鱼雷击中"克雷西"号右舷，艉鱼雷管发射的鱼雷则命中了左舷。该舰随后倾覆，底朝天漂浮了一阵方才沉没。

天气好转后赶到现场的救援船只救起了 837 人，但仍有 1459 人随舰身亡。韦迪根指挥 U-9 号以水面航行躲过了英国驱逐舰的搜索。

这场堪称传奇的海战颠覆了传统海战思想，使人们认识到潜艇在海战中的重要作用。

U-9号性能数据
（参考数据）

全长	57.38米
全宽	6米
吃水	3.13米
下潜深度	50米
水下航速	8.1节
水面航速	14.2节
水面排水量	493吨
水下排水量	611吨
成员	25名水手和4名军官
武器系统	4具直径450毫米的鱼雷发射管，备有6枚鱼雷；1门50毫米炮，以及1挺"哈奇开斯"型37毫米机关炮；或者，在执行布雷任务时，可携带12枚P型水雷
动力系统	安装两台"科尔庭"六缸和两台"科尔庭"八缸二冲程柴油发动机，综合最大功率1030马力

1908年7月15日U-9号潜艇开始建造，1910年2月22日，该艇下水，经过短期的试航后，在同年4月18日正式服役。其总造价为214万金马克。这是德国在20世纪初期研制的一型柴油机动力潜艇。

整个第一次世界大战期间，各国潜艇共击沉商船5000余艘、1400万吨，战果堪称惊人。

1917年2月，德国开始了"无限制潜艇战"，给英国及其他协约国造成巨大的经济损失，说明了在现代海战中潜艇对战争的影响。

一战中的"海上疯子"

1913年2月8日U-21下水，10月22日开始服役，排水量824吨，长64.2米，宽6.1米，水面航速每小时28.5千米，潜水航速每小时17.6千米，装备4具500毫米鱼雷发射管，1门88毫米火炮，搭载29名乘员。

由艇长奥托·赫森指挥的"U-21"共执行了11次作战任务，击沉了36艘商船和4艘军舰，总吨位12万吨，另外还击伤2艘舰船，自己的潜艇完好无损。

第一次世界大战初期，当德国所有报刊都在大肆宣扬德军U-9号潜艇一举击沉英军三艘巡洋舰的骄人战绩时，德军的另一艘潜艇U-21号却正在创造着另一项奇迹。

➤ 图 2-6　U-21 号潜艇

相比较于 U-9 号潜艇一小时内击沉 3 艘万吨级英国巡洋舰的战绩，U-21 号潜艇的战绩显然更加"疯狂"一些，以至于该艇艇长赫森被英、法海军部悬赏高达 2 万马克。

1914 年 9 月，德军的 U-21 号潜艇在艇长赫森的指挥下先后击沉了英国的另一艘轻型巡洋舰"探路"号和一艘运输舰"孔雀"号。没过多久，U-21 又将一艘英国运煤的轮船也送入海底。

1915 年初，为了夺取恰纳卡莱海峡的控制权，土耳其遭到了协约国海军舰炮的猛烈攻击，德国在土耳其政府的请求下派潜艇前往地中海支援。

从德国潜艇基地到地中海，路途遥远，而且还要穿过协约国严密封锁的直布罗陀海峡，任务十分艰巨。德国海军高层经过反复权衡，最终选定 U-21 号潜艇执行这次任务。

接受任务之后，U-21 号偷偷穿越了被层层封锁的直布罗陀海峡，航行 4000 余海里，终于抵达了亚得里亚海域。

➤ 图 2-7　U 系列潜艇

5月25日，U-21号潜艇悄悄地驶进位于希腊角一带的协约国海军基地，赫森从潜望镜里看到几十艘战舰停泊在这里。

基地内，虽然有多艘协约国驱逐舰，但没人能想到一艘德国潜艇会航行数千海里来发动袭击，所以，没做任何防备。

经过仔细观察，赫森决定攻击基地内停泊的三艘战列舰，他下令潜艇下潜，绕过碍事的巡洋舰后，再上浮到潜望镜深度。经过精心策划，赫森决定将英国的战列舰"凯旋"号作为攻击的首选目标。

赫森一声令下，一枚鱼雷旋即冲出潜艇直奔"凯旋"号而去并准确命中目标，"凯旋"号发生剧烈爆炸，仅仅十分钟后，就沉入海底。

反应过来的协约国海军，立即出动多艘驱逐舰四处搜索敌人潜艇。然而U-21号根本就没有逃跑的打算，而是按照赫森的命令下潜至"凯旋"号的残骸下面。

尽管协约国海军向水中投掷了大量的深水炸弹，藏在"凯旋"号残骸下面的 U-21 号却一动不动，没有损伤一根毫毛。

直至晚上，U-21号又悄悄浮了上来。赫森指挥它用鱼雷击沉了英国战列舰"雄伟"号并规划好了逃跑的路线。

赫森和U-21号在远离本土几千海里之外，击沉了敌人两艘战列舰，成绩斐然，得到海军部的嘉奖。

一战期间，赫森指挥 U-21 号潜艇，一共击沉了协约国 10 万吨的商船，这个战果和韦迪根等超级艇长相比，还有不小的差距，但赫森的疯狂和大胆，又远远超过他们，最终赢得了"海上疯子"的绰号。

在第一次世界大战中，潜艇凭借其卓越的作战能力赢得了世界各海洋国家对它的重视，从此，潜艇在海战武器中站稳了脚跟。

英国E级潜艇

第一次世界大战期间，E级潜艇是英国建造的最为成功的一级潜艇，该级潜艇也是英国皇家海军潜艇部队的骨干。

一战期间，E级潜艇被部署到了广泛的作战海域，在北海、地中海，波罗的海的广阔海域作战，立下了汗马功劳。

1914 年 10 月 29 日，土耳其向协约国宣战，土耳其加入同盟国并参战必将改变协约国的战略局势。

英国和法国立刻行动起来组织联合军队并准备控制恰纳卡莱海峡，以此来阻止土耳其与德国之间的联系。

为了切断土、德之间的海上补给线，英法联军共出动了 100 多艘军舰并派遣潜艇进入马尔马拉海，展开对土、德舰艇的袭击。

马尔马拉海是土耳其的一个内海，要想进入马尔马拉海必须经过恰纳卡莱海峡，作为咽喉要道，土耳其自然在恰纳卡莱海峡有重兵把守。

为了能够通过恰纳卡莱海峡进入马尔马拉海，英国一共派出 9 艘 "E" 级和 "B" 级潜艇来执行任务。在几个月的行动中，英国潜艇共击沉十多艘土耳其战舰，切断了土、德之间的海上补给线，战绩十分辉煌。

在恰纳卡莱海峡的行动中，英法联军与同盟国海军的海战进行了 259 天，双方损失惨重，不过，英法联军利用潜艇切断海上补给线的任务却完成得非常出色。

1915 年 7 月中旬，德国人在位于纳洛斯的最狭窄水道布置了巨大的反潜铁网、深水炸弹进行看守。

虽然英法联军的行动受到了一定的阻碍，但大多数 E 级潜艇还是冲破了层层障碍，奔赴各自的作战海域。其中 "E-11" 号潜艇还击沉了一艘德国的"巴

> 图 2-8 英国"E-20"号潜艇

巴罗萨"号战列舰。

1916年年初,加里波利战役结束。此战英法联军创下了5次通过恰纳卡莱海峡的纪录,并且重创了土耳其海军,击沉了土耳其的2艘战列舰、1艘驱逐舰、5艘运输船、44艘汽船及148艘帆船。

E级柴电潜艇是英国皇家海军于1912—1916年间建造,是第一次世界大战时潜艇舰队的骨干。包括为澳大利亚皇家海军所建的两艘在内,该级潜艇共建成58艘。该艇分三批次建造。第三批次中的6艘把射柱管除去,改为20垂直管,成为布雷潜艇。

"E"级潜艇的性能参数

	第一批艇	第二、三批艇
水面排水量	652 吨	622 吨
水下排水量	795 吨	807 吨

续表

	第一批艇	第二、三批艇
长	53.65 米	54.86 米
宽	6.86 米	6.86 米
吃水	3.68 米	3.81 米
航速	最大水面速度 15.25 节，潜航 9.75 节	
动力装置	2 台维克斯柴油发动机，功率为 1.18 兆瓦；2 台电动机，功率为 618 千瓦，驱动双轴	
最大作业深度	30.5 米	
编制	水兵 28 人，军官 3 人	
武备	1 具鱼雷发射管，2 具横向鱼雷管，8 枚鱼雷，1 座 76 毫米甲板炮	2 具鱼雷发射管，2 具横向鱼雷管，10 枚鱼雷，1 座 76 毫米甲板炮

第三章

巅峰对决：狼群与猎人的生死角逐

Chap.3

在第二次世界大战的大西洋战场上，德国以其性能优异的U型潜艇和独创的"狼群"战术令盟军闻之色变。在大西洋上德军潜艇如狼群般可怕，用一道道白色的鱼雷航迹将大英帝国的运输船队击沉在黑暗的海底。面对凶恶的德军潜艇，盟军用驱逐舰、护卫舰、反潜机与德军展开生死角逐，从战术布置到战争实况，可以说是步步惊心。谁将在冰冷灰暗的大西洋上笑到最后？

"狼群"逞雄大洋

"猛虎怕群狼。"面对饥饿的狼群,自然界中身躯高大的猛兽有时也会感到不寒而栗。如果群狼一旦发起攻击,就算是百兽之王有时也难以幸免于难。

第二次世界大战时,德国海军将领卡尔·邓尼茨因其独创的海战"狼群"战术,而被称为"狼头"。邓尼茨的"狼群"战术与古德里安的"闪电战"并称为纳粹德国军队的海陆两大"法宝"。

1917年,这一年是第一次世界大战中最为艰难也是最关键的一年,战争在消耗着所有参战国的实力。

英国为了应对德国潜艇在海上运输线的严重威胁,不得不将商船进行集中编组并由军舰来护航。采取这一措施以后,果然有了明显的效果。

1918年初,德军潜艇艇长邓尼茨在一次袭击英国护航舰队时,遭到了英国驱逐舰的攻击,并被俘虏。

失去自由的邓尼茨思想却一刻也没有停歇,他一直思考着一个问题,就是潜艇如何攻击护航运输队。战后邓尼茨再次返回德国,并担任海军潜艇部队司令。

他认为首先应该改变以前单艘潜艇独立作战的模式,而使用多艘潜艇一起出动发起对目标的攻击,让敌人防不胜防,这样才会发挥潜艇突然袭击的效果。

另外,在攻击发起前要先侦察,当确定攻击目标的航行路线后选择合适的攻击位置并进行部署,之后利用夜色的掩护,多艘潜艇以最小的射程攻击目标。

▷ 图3-1 德国著名将领、海军元帅卡尔·邓尼茨

这种攻击目标的方式就是潜艇作战的"狼群"战术,在邓尼茨的训练之下,德国潜艇的作战力量日益强大,而且德国潜艇水下的通讯能力在不断提高,便于指挥潜艇进行夜间作战。

一个"狼群"通常由10艘左右的潜艇组成,每艘潜艇间隔约20海里成横队排列分布在护航编队必经的航线上,控制着一个约100到200海里宽度的海区范围。

当"狼群"发现目标以后,开始跟踪摸清护航编队的情况,根据具体的情况进行集结并占领有利的攻击阵位。夜幕降临后,随着一声号令,"狼群"便发起第一波攻击。

当第一波攻击完成后,便迅速下潜重新准备第二波攻击所需的鱼雷等,同时占领第二波攻击的有利阵位,当夜幕再次降临时便开始第二波攻击,如此反复。

在战争初期,由于英国护航兵力不足,声呐的探测距离及性能差。而潜艇的水面航速要高于商船且机动灵活。因此,"狼群"战术发挥了极大的作用。

1939年10月18日,邓尼茨首次组织"狼群"战术对护航运输队进行攻击。但由于当时德国缺少可以到达大洋作战的潜艇,只组织了三艘潜艇,但也击沉了三艘商船,之后"狼群"战术一度停止。

1940年后,德国潜艇的建造数量迅速增多,潜艇远洋作战的实力也有了较大增加,邓尼茨运用"狼群"战术就有了条件。

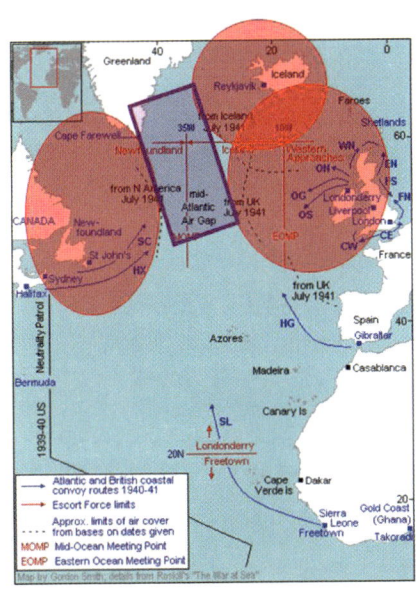

➢ 图 3-2 第二次世界大战中德国"狼群"战术

1940年9月，邓尼茨再次采用"狼群"战术发起对运输船队的攻击，先后击沉多艘来自北美及英国的商船。仅10月份一个月的时间，在大西洋作战的"狼群"潜艇就击沉盟军的商船多达63艘，累计35万多吨。

"狼群"战术集群攻击的优势使盟军的护航运输队损失惨重，商船在大西洋损失的数量日益增加。美国参战后，"狼群"潜艇开始了对美国舰队的攻击。

德国"狼群"横行大西洋，创造了战争史上一个又一个奇迹。1943年3月，德国潜艇曾创造了20天内击沉敌舰75万吨的最高纪录。

面对德国"狼群"的巨大威胁，盟军也展开了大规模的围剿行动，运用新型雷达和反潜飞机对德国潜艇进行搜索，采用灵活的战术手段分割"狼群"。

1943年5月，"狼群"遭到毁灭性打击，邓尼茨的王牌潜艇在一个月内被击沉30多艘，"狼群"战术最终失败。

Ⅶ级U型潜艇

1939年9月1日，德军闪击波兰，第二次世界大战爆发。3日，作为波兰盟友的英国正式向德国宣战。3日当晚德军的一艘U-30号潜艇便击沉了英国一艘载有1102人的"雅典娜"号客轮。

9月2日，"雅典娜"号客轮离开英国的利物浦港口启程准备前往加拿大的蒙特利尔。当时，客轮上挤满了从欧洲前往美国和加拿大避难的乘客。

9月3日上午，"雅典娜"号在北爱尔兰海航行的途中才得知英国向德国宣战的消息，这个消息让整艘客轮笼罩着一种不祥的气氛。

3日傍晚，"雅典娜"号客轮行驶在赫布里底群岛以西200英里的海面上，此刻风平浪静，一切如常。

然而，在客轮的不远处，一艘德国U-30号潜艇已经紧紧盯上它并准备发起攻击，19时35分，U-30号潜艇发射的3条鱼雷全部击中"雅典娜"号客轮，其中1条直击要害把"雅典娜"号拦腰折断。

4日上午，"雅典娜"号客轮完全消失在海平面上沉入海底，共造成112人死亡，它成为这场战争中第一艘被击沉的船只。

U-30号潜艇从"雅典娜"号发出的求救信号才确认这不是一艘武装船只，而只是一艘普通的客轮，艇长才知道自己闯了大祸，遂指挥潜艇驶离现场。

这一事件发生以后，希特勒和海军司令部也感到很意外，他们曾下令所有的潜艇要遵守国际公约，否则无疑会引起英国、美国等国的愤怒。

▶ 图3-3 英国"雅典娜"号客轮

为了掩盖事实真相，德国采取了一系列措施，希特勒命令"对这一事件应予彻底保密"。一直到了战争结束后，"雅典娜"号沉没的真相才大白于天下。

U-30号潜艇属于德国Ⅶ级潜艇，是第二次世界大战中纳粹德国海军最广泛使用的潜艇，贯穿整场第二次世界大战。

Ⅶ级潜艇的设计源于UB Ⅲ级潜艇。UB型潜艇是德国海军专门为在地中海的德国潜艇部队研制的近海小型潜艇。

第一次世界大战开战之初，英国全球海运航线中非常重要的一条航线就是地中海航线。德国海军的潜艇部队为了彻底切断英国的这条海运运输线，急需研制一种小型潜艇，鉴于此，德国军工部门很快就研制成功了UB Ⅰ型潜艇及其改进型UB Ⅱ型潜艇。

"UB"的意思是"攻击型潜艇"，这两型潜艇虽然看起来很小，但在地中海中却大发淫威，接连重创英国地中海船队。为此，德国海军又分批次进行技术改进，研制出一型新式潜艇，该型潜艇称为UB Ⅲ型潜艇。

一战结束后，英国分得了大部分UB Ⅲ型潜艇，法国和日本海军也分得了少部分该型潜艇，使得这些国家的潜艇研制产生了跨越式的进步。

第二次世界大战初期，纳粹德国在 UB Ⅲ型潜艇的基础上放大，并结合当时的最新科技又研制出一种新式潜艇，这就是Ⅶ级潜艇。该型潜艇以及其后续改进型号又一次成为德国水下"狼群"的主力。

Ⅶ级潜艇一共建造了709艘，这是历史上生产量最多的潜艇。Ⅶ A 型是本级的原型，于1933至1934年间即完成了设计，Ⅶ级潜艇不仅数量多，而且还拥有多种型号。

Ⅶ C 型潜艇是Ⅶ级中最优秀的一型潜艇，它的建造工作在整个战争期间从未停止过。共生产了568艘，也是迄今为止建造最多的潜艇。

虽然Ⅶ C 型潜艇的航程没有Ⅸ级潜艇的长，但战争期间几乎被用于所有U艇的作战范围中。Ⅶ C 型潜艇也成为德国海军最具攻击力的潜艇。

Ⅶ B 型潜艇本是一款很成功的潜艇，Ⅶ C 型潜艇是在Ⅶ B 型潜艇的基础上改进而来的。两者具有相同的引擎设计和马力，Ⅶ B 型要比Ⅶ C 型艇的航速高一些。

Ⅶ C 型潜艇的鱼雷发射装置与其他潜艇也有一些不同，4 个鱼雷发射管位于Ⅶ C 型潜艇的艇首，艇尾装备有一个鱼雷发射管。其他 U 型潜艇都没有艇尾鱼雷发射管。

Ⅶ C 型 U 型潜艇

（参考数据）	
全长	67.1 米
水面排水量	769 吨
水下排水量	871 吨
下潜深度	220 米
水下航速	7.6 节
水面航速	17.7 节
水上航程	8500 海里 /10 节航速
水下航程	80 海里 /4 节航速
成员	44—52 人
武器系统	鱼雷发射管5具（艇艏4具/艇艉1具），鱼雷总数14枚；1门105毫米甲板炮，1挺20毫米机枪

▷ 图 3-4　德国 U-30 号潜艇

胆大包天的"射水鱼"号

二战期间，美国的"射水鱼"号潜艇本是海军中非常普通的一艘鱼雷潜艇，但是由于它击沉了日本的"信浓"号重型航母而成为美国海军的明星潜艇。

驱逐舰最初并不是专门针对潜艇而设计的，只是一款多用途的军舰，具备综合作战能力，有着"海上多面手"的称号。

之所以说驱逐舰是潜艇的克星，是因为驱逐舰的作战规模远大于潜艇，由多艘驱逐舰组成的反潜作战队伍，要对大片海域进行地毯式搜索，这就会让潜艇无处遁形，遭到打击，当潜艇遇到驱逐舰基本都是溜之大吉。

不过，在第二次世界大战期间有这么一艘潜艇竟然把当时世界上排水量最大的航空母舰击沉了，这就是"射水鱼"号潜艇。

1944 年 11 月 26 日，美国原计划在这天晚上对日本进行轰炸，潜伏在海岸外的"射水鱼"号潜艇担负救急任务。结果，当晚的轰炸计划突然取消了，没有了救急任务的"射水鱼"号则在海上等待其他任务。

11 月 28 日，正在海中航行的"射水鱼"号浮出了水面，他们看到遥远的海面上浮着一座火山岛，在进入日本火力范围之内才发现这是一艘巨大的航母，还是当时世界上排水量最大的日本航母"信浓"号。

"射水鱼"号的艇员们兴奋异常。这可是难得的一次机会，不过在"信浓"号的身边有三艘护卫驱逐舰在护航。

"信浓"号重型航母于 1944 年 11 月 19 日刚刚被编入日本联合舰队。11 月 28 日，"信浓"号在三艘驱逐舰（"滨风""矶风""雪风"）护卫下首次出航。

求功心切的"射水鱼"号在海面上以最快速度接近日本航母。此时，日军的一艘驱逐舰已经发现了它，但"射水鱼"号却没有下潜，而是继续在海面上伺机对日本航母发起鱼雷攻击。

➢ 图3-5 美国"射水鱼"号鱼雷潜艇

日军驱逐舰没有发炮,也没有赶来,而是向左转向,脱离接触。原来,"信浓"号的舰长阿部大佐因担心水下"狼群"的攻击,想尽快摆脱美国潜艇的跟踪。

11月29日凌晨2时16分,美军的"射水鱼"号潜艇向珍珠港基地发报,请求其他潜艇增援。而日本航母编队截获到的电报信息,以为水下"狼群"要进攻了,"信浓"号又恢复到原来航向上。

这样,"信浓"号航母把自己全部暴露给了对方。3时07分,"射水鱼"号终于抓住了有利时机,占领了有利攻击阵位,接连向"信浓"号发射6枚鱼雷,其中4枚命中"信浓"号舰体。舰体被剧烈的爆炸撕开几米宽的破口,海水大量涌入。鱼雷钻进舰体内部爆炸,燃起熊熊烈火。

由于"信浓"号航空母舰上的官兵还没有实战经验,海水很快涌入舱室内部,舰体急剧倾斜。舰长阿部大佐束手无策,只得下令弃舰。

11月29日10时48分,"信浓"号航母的舰体在海水中做垂死挣扎。但是,海水很快吞没了这头海中怪兽。2515名船员中只有1080人被救,有1435人遇难(包括舰长阿部俊雄)。

"狼群"中最凶的"头狼": U-47

1939年10月,德国海军U-47号潜艇在英国皇家海军的眼皮底下把"皇家橡树"号战列舰击沉。这一海战史上的经典战例,使指挥官普里恩和他的U-47号潜艇一战成名。

德军成功偷袭斯卡帕湾并一举击沉"皇家橡树"号战列舰,迫使英国放弃使用该海军基地,由此也导致英国与德国在大西洋上激烈而持久的厮杀。

斯卡帕湾海军基地的地理位置极为重要,它也是德国出入北海,西去大西洋的必经之地。该基地作为英国皇家海军的重要基地,二战期间许多巡洋舰和驱逐舰均泊于此基地,具有极为重要的战略意义。

➤ 图3-6 英国"皇家橡树"号战列舰

▶ 图 3-7　德国 U-47 号潜艇

第一次世界大战期间，德国海军一艘 UB-116 号潜艇曾闯入斯卡帕湾海军基地，但很快被英国皇家海军击沉。

对于英国人来说，他们对斯卡帕湾的防卫充满了自信，认为没有任何人能够突破斯卡帕湾的防线。

邓尼茨则认为任何攻击者都"需要最为大胆与强烈的进取心"，所以一直以来他都想派一艘潜艇进入这片水域给英国人以沉重一击。为此，德国人搜集到了大量关于斯卡帕湾的情报资料。

1939 年 10 月 8 日，U-47 号潜艇在普里恩艇长的指挥下带着绝密任务悄悄离开港口，至此开始下潜一路北上。

U-47 号潜艇一路都在水下潜航，只在白天才偶尔浮出海面。直到 10 月 12 日晚，U-47 号上浮并开始修正航线。虽然此时的天空阴云密布，辨别航向和方位极为困难，但普里恩发现自己已经抵达了奥尼克群岛，距离斯卡帕湾只有 1.8 海里的距离。

作为一个经验极为丰富的潜艇指挥官，普里恩很清楚，现在需要做的是耐心等待战机。13 日一整天，U-47 号潜艇的艇员们都在耐心等待时机。

晚上 7 点，普里恩下令行动开始，潜艇开始进入斯卡帕湾最为危险的一段

航线，U-47号小心而缓慢地穿过了霍姆海峡和柯克海峡。经过险象环生的行进，普里恩最终还是成功地把U-47号潜艇驶进了斯卡帕湾。

此时已经是14日0点55分，普里恩通过潜望镜发现了自己的目标，从烟囱的形状和三角桅杆以及炮塔形状来看，判断应该是"皇家橡树"号战列舰。

由于航速较慢，无法跟上舰队的"皇家橡树"号战列舰此时正静静地停留在基地内，准备明天早上便起锚出发。

普里恩将"皇家橡树"号列为首要攻击目标。0点58分，U-47号舰首三枚拖着白色尾流鱼雷直扑目标。

鱼雷先后的爆炸声却并没有引起舰上官兵的注意，大部分人在未觉察到异样后继续睡觉。U-47号潜艇再次用艇尾鱼雷管发射了鱼雷，所有鱼雷全部击中目标。巨大的爆炸撕裂了排水量达2.9万吨"皇家橡树"号的舰体。

爆炸后的10分钟，该舰便沉入海底，舰上800多人丧生。U-47号在漫天的火光中安静地撤离斯卡帕湾。

而此时英国人却几乎没有意识到这艘德国潜艇的存在。U-47号潜艇沿着原路顺利返回基地。

当U-47号潜艇抵达德国威廉港，U-47号的艇员们得到了当地群众英雄般的欢迎，邓尼茨已经在码头上迎接等候。邓尼茨亲自为所有人颁发了勋章。

当天下午所有艇员得到了希特勒的亲自接见，晚上，U-47号全体艇员都与希特勒共进了晚餐。邓尼茨也向希特勒提出扩大潜艇生产的建议，最终希特勒答应了邓尼茨的要求。

第一次世界大战期间这一经典战例无疑是海战史的奇迹。

U-47号潜艇性能参数
（参考数据）

水下排水量	857吨
水面最高航速	17.9节
水下最高航速	8节
水上航程	8700海里/10节航速；3850海里/17节航速
水下航程	90海里/4节航速
最大下潜深度	220米
鱼雷	发射管数量5具533毫米；鱼雷总数14枚
武备	1门88毫米主炮

U-47号潜艇，于1938年12月17日下水服役，是德国著名潜艇，具备较强远洋作战能力，二战爆发后，U-47号便投入对盟军的作战。

二战期间，U-47号一共参加了十次海上作战行动，击沉盟军30艘舰船。直到1941年3月8日，这艘潜艇才被盟军护航舰艇击沉。

东洋恶龙：乙型潜艇

1942年8月15日，一艘从横须贺军港出发的伊-25号潜艇经两周的航行抵达了俄勒冈州沿海。因天气恶劣，直到9月9日凌晨，伊-25号才浮出水面，从机库里取出零式小水侦的零件，一一进行组装。

"零"式小水侦组装完成之后，发动机发动升空直扑俄勒冈州以南靠近加利福尼亚州的森林。这次任务只有一个——纵火。

这里因为气候干燥而火灾频发。此时，携带燃烧炸弹的"零"式小水侦正飞向该地区，爆炸以后可以立刻燃烧，每个小燃烧弹能够维持1500℃的高温30秒。

日本人出动"零"式小水侦进行纵火，一是为报杜立特轰炸东京的一箭之仇；

另一个是为了给美国人制造恐慌，迫使其改变战略。

在太平洋战争爆发前，一种新型的集远程续航力、强大攻击力、水面高速和独特侦察能力的乙型潜艇加入了日本联合舰队的潜艇部队，而且在太平洋和印度洋曾猖獗一时。

乙型潜艇是在伊-9型和伊-12型潜艇的基础上设计的一种新型潜艇，是第二次世界大战期间日本产量最多的一种潜艇。

作为海洋国家，日本一直重视海军的发展，特别是在潜艇发展上更是不惜重金。

日俄战争期间，日本从美国一次性购买了5艘"霍兰"型潜艇，命名为"第一型潜艇"。这些潜艇一方面增强了海军实力，另一方面是通过购买新式武器以引进技术，以此来达到学习和自行建造潜艇的目的。

1922年，由于受到《五国海军条约》的约束，日本的水面舰艇处于劣势地位，所以，日本提出建造大型潜艇的设想。这就是后来的一系列的海大型潜艇。

➢ 图3-8 日本乙型潜艇

1940年3月,丙I型潜水艇伊16号建造完成,这是日本第一艘注重鱼雷攻击任务的潜艇。之后,为了加强侦察能力而设计的乙型潜艇于次年开工。

1940年9月,伊–15正式完工,这是建造完成的第一艘乙型潜艇,标准排水量达到了2198吨。接着一直到1943年前后共建造了20艘乙型潜艇。之后又发展出两种改进型号潜艇乙改I型和乙改II型,在日本海军中乙型潜艇一共建造了29艘。

该型潜艇全长108.7米,艇宽9.3米,吃水5.14米,水面排水2589吨,水下排水3654吨。

乙型潜艇的艇体采用双壳体设计,最大安全潜深约100米。

动力设备为2台甲10D型柴油机,单机功率可达7000马力,采用双轴推进。优良的艇体设计和强大的动力,使得该潜艇水面航速就达到23.6节。

水下潜航使用2台主电动机,可使潜艇以8节的航速航行。另外,艇上生活和照明用电由2台发电机组提供。燃油和淡水的储量足以保证潜艇在水上以16节的速度航行14000海里。

乙型潜艇最特殊之处在于它有一个飞机库,能够携带一架九六式或"零"式水上侦察机的零件,这也正是该型潜艇设计初衷:一种具有航空侦察能力的潜艇。

▶ 图3-9 日本"零"式小水侦

➤ 图 3-10　日本乙型潜艇

　　飞机以拆解的方式存放于指挥塔前的飞机库内，一旦需要进行组装就可使用，通过弹射起飞，回收时降落水面再由吊车回收。

　　由于空间原因，侦察机是要求尽量小型化的。"零"式小水侦在 1940 年服役，第一艘携带"零"式小侦的潜艇是伊 -15 号。

　　1941 年，由于战争的原因，新的乙型潜艇在建造时进行了一定的改进。乙改 I 型和乙改 II 型虽然在设计和建造的过程中都保留了乙型的弹射器和飞机库，实质上已经不担负侦察的任务。

　　乙型潜艇因其卓越的性能，它是日本建造数量最多的大型潜艇，在太平洋战争期间立下了赫赫战功。

　　值得一提的是，它设计的初衷就是对美军太平洋舰队进行监视和打击，所以，乙型潜艇给美军造成的损失最为沉重。

第四章

强悍心脏:的海底游龙 神出鬼没

Chap.4

众所周知,人体血液循环依赖于心脏提供的动力,而潜艇穿行于水下,则依赖于它那独特的"心脏"——动力装置。从由一个人摇动螺旋桨驱动,发展到柴油机,再到成熟的柴—电动力,以及核动力和近年来的AIP技术。潜艇动力的发展推进着潜艇的发展,潜艇的自持力、续航力、机动性、隐蔽性等综合作战能力不断提高,我们看到新的动力不断更新变化。

潜艇动力演变史

1954年1月21日,世界上第一艘核动力潜艇——"鹦鹉螺"号下水,美国总统艾森豪威尔亲自参加了下水仪式。参加下水仪式的还有"核潜艇之父",也是这艘核潜艇的设计者海曼·乔治·里科弗。

"鹦鹉螺"号核潜艇是世界上第一艘实际运作服役的核动力潜艇,也是第一艘实际航行穿越北极的潜艇。它能够在水下连续航行50天,全程30000千米不需要添加燃料,整个核动力装置占艇身的一半左右。

1620年,荷兰的德雷尔制造出人类历史上第一艘潜水船,虽然动力是靠人力操作的橹产生,但德雷尔却开了"船"能潜入水下航行的先河,因此,他也被称为"潜艇之父"。

1776年,美国的戴维·布什内尔设计的"海龟"号诞生,这是第一艘用于军事的潜水艇,也是最早使用螺旋桨推动的潜水艇。

"海龟"号最深可以使艇潜至水下6米,能在水下停留约30分钟。潜艇的外面可以放置一个炸药包,在艇内操作放置于敌方舰艇的底部,再通过定时引信引爆炸药炸毁敌舰。

1776年9月,偷袭英国军舰"鹰"号的任务就交给了"海龟"号潜艇。这次偷袭任务虽然未能按原计划完成,但却是潜艇袭击军舰的第一次尝试。

19世纪初,美国的"鹦鹉螺"号潜艇是由人力手摇螺旋桨来推进。19世纪中叶,德国的"火焰"号潜艇的动力是靠脚踏轮来驱动螺旋桨的前进。

19世纪末,潜艇的动力一直是由人力推进的,极大地限制了潜艇的发展。19世纪末至20世纪初一系列重要新技术不断涌现,人们开始探索使用蒸汽机取代人力来成为潜水艇的主要动力系统。

1863年,法国建成了一艘采用蒸汽机作动力的"潜水员"号潜艇。但由于受到当时设计水平的限制,以蒸气机为动力的潜艇遇到许多无法解决的问题,所以"潜水员"号最终以失败而告终。

蒸汽机作为潜艇动力失败后,人们又考虑采用电推进装置。但在当时,电动潜艇又存在着无法在海中充电的缺陷,很难投入使用。

直到19世纪末,随着工业革命的迅猛发展,现代潜艇开始登上历史舞台,它的创造者就是人们称为"现代潜艇之父"的约翰·霍兰。

1897年5月17日,"霍兰"号潜艇建造成功。水上使用33千瓦的汽油机作为动力装置,续航力达到1000海里;水下使用电动机为动力,续航力50海里,

▷ 图 4-1　第二次世界大战时使用柴油动力的 U 型潜艇

这是潜艇双推进系统的开端。该艇被公认为是"现代潜艇的鼻祖"。

第一次世界大战中，德国的 U 型潜艇逞雄大西洋战场，使人们见识了潜艇的威力。四年的战争，德国 U 型潜艇共击沉协约国商船就有 1300 余万吨，战绩十分惊人。

第二次世界大战期间，潜艇的性能有了很大改进。排水量普遍增加，大多已经到了 2000 余吨，下潜的深度有的可达 200 米，续航力可达 1 万余海里。第二次世界大战期间，潜艇发挥了更加重要的作用，取得了辉煌的战果。

第二次世界大战结束后，随着原子能技术的发展，潜艇的推进系统由常规的柴油动力潜艇向核动力潜艇快速发展。

这些技术革新使得潜艇的续航力从以前的几小时增加到了数周乃至数月。同时伴随材料学和焊接技术的进步，使得以前从不敢想的海下航行得以实现。

最先将核能真正变为潜艇动力的是"核潜艇之父"——美国海军核动力科学家海曼·乔治·里科弗。

▶ 图4-2 美国"鹦鹉螺"号核潜艇

1954年1月21日，人类第一艘核动力潜艇"鹦鹉螺"号出现在海军的行列中，潜艇动力进入了核动力时代。

潜艇作为武器性质改变则发生在1959年和1960年。苏联弹道导弹潜艇H级和美国弹道导弹潜艇乔治·华盛顿级先后服役并参与战略值班。

自此之后由潜艇为主力的"第二次核反击力量"诞生，这可以说是"相互保证毁灭"理论发展到的顶峰。这些弹道导弹潜艇中苏美任意一方所携带的弹道导弹都足以数次炸平对方每个角落。

随着苏联的解体和冷战时代的结束，爆发世界大战的可能性变得越来越小，但地区冲突依然存在，甚至有不断加剧的趋势，如海湾战争以及叙利亚战火。

在这些局部战争中，潜艇仍是一支重要的战斗力量。因此，世界各国仍然热衷于发展潜艇，仍将拥有现代潜艇视作是现代海军军事力量的最基本要求。

常规潜艇的动力革命——AIP

若问近些年对常规潜艇发展影响最大的技术是什么，那么答案毫无疑问是AIP技术。

AIP是一种不依赖空气的推进装置。安装了AIP系统后的常规潜艇水下续航力成倍增加，噪声明显下降，潜艇的作战效能显著提高。

20世纪80年代以来，很多国家对AIP技术的运用寄予厚望，大都在此技术上投入了大量的财力和人力进行研发，其中以瑞典、德国、法国最为突出。

进入21世纪，AIP技术俨然已经成为常规潜艇的标配，因其所具有的优良性能，各国海军常规潜艇上安装AIP系统已经成为趋势。

我们知道潜艇是人类历史上第一种水下隐身武器,隐蔽性是潜艇最重要的性能。第二次世界大战中,常规潜艇大发威力,成为令人敬畏的海战力量,但与它的名字相反,水面航行却是潜艇的常态,只是在察觉敌人或要发起攻击时才水下机动。

潜艇不能在水下长久潜行,是因为电池的续航能力有限,航速慢到让人受不了,而且电池容量不大,用不了多久电量就会耗尽。

第二次世界大战末期德国人发明了通气管,可是在各种探测器材越发灵敏的现代,只要升起通气管,潜艇被发现就是早晚的事,要么被雷达发现,要么被声呐发现。降低潜艇对通气管的依赖,减少暴露率就成了潜艇研发的头等大事。

目前世界上比较成熟的 AIP 系统包括燃料电池、斯特林发动机、闭式循环柴油机以及自主式潜艇能源系统四种,其中前两种应用范围最广。

目前,大多数 AIP 技术较成熟的国家根据本国的实际情况,在新研制的潜艇上大都采用了 AIP 技术。

其中安装 AIP 系统较为典型的国家有德国、俄罗斯等。如德国的 212A 型潜艇和俄罗斯的"阿穆尔"级潜艇通过改装安装了 AIP 系统,日本"亲潮"级潜艇等。

真正不依赖空气的其实只有核潜艇才能做到,对常规潜艇的 AIP 系统而言,其实还是需要氧气的,只不过这氧气不从空气中来。

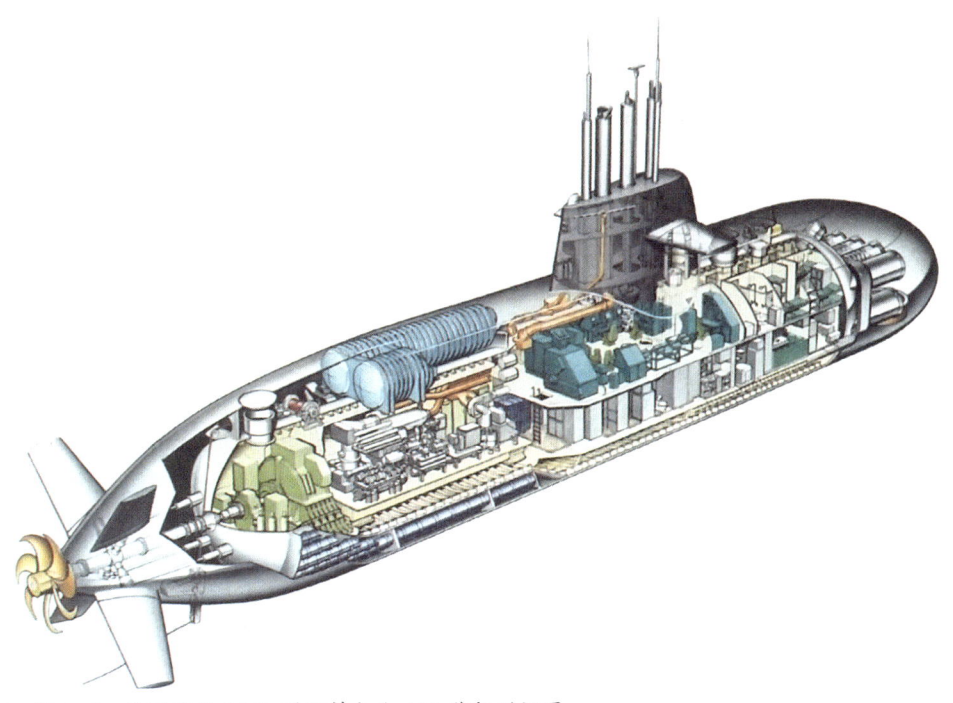

➢ 图 4-3 德国海军 212A 型燃料电池 AIP 潜艇剖视图

> 图 4-4 斯特林发动机

不同的是，每种 AIP 系统各自的工作方式不同，燃料电池需要艇上带氢，通过氢和氧化学反应转化电能，斯特林发动机和闭式循环柴油机需要柴油燃料，自主式潜艇能源系统需要乙醇燃料。

这四类 AIP 系统的能量转化效率各不相同，燃料电池的效率最高，可达 60%，斯特林发动机、闭式循环柴油机和 MESMA（闭式循环汽轮机）的效率为 25%—30%。

目前，从服役已达近 20 年加装 SE/AIP 系统的潜艇情况来看，SE/AIP 热汽机系统的安全性和可靠性方面还是有充分保障的。

加装 SE/AIP 系统的常规潜艇在续航力、隐蔽性和作战效能上都有极大的提高，特别在后勤保障方面更加方便通用，甚至在民用码头也可进行补给。

SE/AIP 系统在负荷能力、建造及使用成本和振动噪声等方面具有无可比拟的优点，因此，一些军事强国不断加大在 SE/AIP 系统研发方面的投入。如日本、瑞典、丹麦等国已装备了数量较多的 SE/AIP 潜艇。

总体上，AIP 系统只能作为潜艇的辅助动力系统，如果潜艇需要高速航行，仍然必须使用柴油机—电机推进。

核动力、AIP、柴—电动力哪家强

我们知道现代潜艇诞生于美国独立战争时的"海龟"号，它由一个两米多高的橡木桶做成，可以潜入水下，由一个人摇动螺旋桨驱动。后来发展到压缩空气、汽油机、蒸汽机，直到第一次世界大战时基本完善的柴—电动力，以及核动力和近年来的 AIP 技术。

潜艇作为水下最隐蔽的战略性武器，经过一百多年的发展，取得了非常大的突破。自第一次世界大战后，潜艇得到了广泛运用，成为许多大国海军的重要装备。

潜艇按照动力来划分，可分为核动力潜艇、不依赖空气推进动力（AIP）潜艇、柴—电动力潜艇。这三种潜艇在性能上有什么区别？各有什么优劣呢？

一、核动力潜艇

核潜艇是指以核反应堆为动力来源设计的潜艇。这种潜艇的建造成本高昂，加上相关设备的体积与重量，只有军用潜艇采用这种动力来源。

首先，核动力潜艇的续航能力强。核潜艇填充一次核燃料可以使用十几年甚至几十年，就像核动力航母一样一直在大海中游曳。

不过，由于潜艇在水下受到物质和食物的限制，不能支撑核潜艇进行长时间的航行，必须一定时间内要进行物质补充。

核潜艇加注一次燃料的续航能力能达到 20 万—30 万海里，在水下可待 90 昼夜左右。美国的"鹦鹉螺"号是世界上第一艘核潜艇，它的出现宣告了核动力潜艇的诞生。

1995 年，一种 AIP 常规潜艇在国外开始出现，这种潜艇动力系统不依赖空气，极大地提高了水下的续航力，在常规潜艇中，AIP 潜艇已经是出类拔萃了，

➢ 图 4-5　美国"海狼"级核潜艇

但仍无法与核潜艇在各方面相抗衡。

其次,核动力潜艇的水下航速高。水滴形艇体结构的采用最大限度地减少了潜艇的形状阻力。美国"海狼"级核潜艇水下航速最高达到38节。

第三,核潜艇的攻击能力强。核潜艇比常规潜艇能够携带更多的武器弹药,而且可以携带配有核弹头的导弹,这就大大提高了潜艇的攻击能力。

第四,核潜艇的舒适性更好。核潜艇体积大,空间宽敞,电能充足。潜艇内部的生活设施完善,因此艇员的生活条件也更优越。

美国的"海狼"级核潜艇是当今核潜艇的典型代表,是目前世界上最先进的水下杀手,这种潜艇水下速度快、下潜深度大、武器和电子设备先进,并具备破冰的能力。

二、不依赖空气推进动力潜艇

不依赖空气推进(又称 AIP 动力),是指可使潜艇在无须浮出水面或使用呼吸管获取空气中的氧气的条件下使轮机保持运转以驱动潜艇的技术。

➤ 图 4-6 212 型潜艇的水面排水量为 1450 吨,水下排水量为 1830 吨。该艇采用 X 型舵,在浅水海域的操作性能尤佳。212 型潜艇的主要武器为 6 根 533 毫米鱼雷发射管,可发射 DM2A4 型鱼雷,这种鱼雷具有超远的射程,速度可以达到 50 节。除了鱼雷之外,该型潜艇还配备有 24 枚水雷

> 图 4-7 "基洛"级常规动力攻击潜艇是俄罗斯目前海军战后第三代主力柴—电潜艇。"基洛"级潜艇以火力强大、噪声小而闻名,是目前俄罗斯出口量最大的潜艇

AIP动力装置使潜艇的隐蔽性较普通常规潜艇更优秀。潜艇在水面上仍然使用传统柴油机,潜伏深海时则使用自给自足的AIP发动机。潜艇自己携带压缩液态氧气,代替空气中的氧,提供给AIP发动机。

三、柴—电动力潜艇

柴—电动力潜艇是指以柴油发电机和电动机为动力的潜艇,现在的常规潜艇大多都是这种传动形式,也叫作电传动方式。

柴—电动力潜艇在水面时,柴油机带动发电机发电,然后发出的直流电供电动机转动,进而带动螺旋桨旋转。柴油机与螺旋桨没有直接的机械连接。同时柴油发电机又给蓄电池充电。在水下时,柴油机不能使用(因为要有空气才行),电动机的电源则由蓄电池供给。

柴—电动力潜艇的典型代表是俄罗斯"基洛"级潜艇。"基洛"级潜艇是一些西方国家对苏联海军在上个世纪80年代开始建造的一型常规潜艇的北约代号。其正式名称为877型潜艇,绰号"比目鱼"。

"基洛"级潜艇是苏联海军时代研制的最成功的常规潜艇,主要用于在近海浅水区域进行反舰与反潜作战,是目前俄罗斯出口量最大的潜艇等级。

"基洛"级潜艇以火力强大、噪声小而闻名,而后"基洛"级在经过现代化等改装后形成了"基洛"级改进型,俄方正式命名为636型潜艇,绰号"华沙工人歌",其改进型更成为柴—电动力潜艇中的佼佼者,是世界上最安静的柴—电动力潜艇之一。

核反应堆会爆炸吗

一提起核潜艇的反应堆,人们立马会联想到原子弹爆炸的场景,自然也会有疑问:核反应堆会爆炸吗?实际上这两个概念差别还是很大的,原子弹的核燃料浓度达到90%以上,而反应堆却只有2%—3%。

同时,原子弹起爆时的链子反应是无法控制的,反应堆则可以控制。由于潜艇的特殊结构和特殊材料,其辐射性也很低,对于艇上的人员几乎没有危害性。所以核潜艇通常是安全的。

核潜艇是一个国家水下最具威慑力的战略武器。但自从其诞生以来,核潜艇事故也一直频频发生,先后共造成600多名艇员丧生,海洋环境也受到威胁。

世界上第一艘失事的核潜艇是"长尾鲨"号核潜艇。该潜艇在1963年4月在美国科德角附近海域沉没,共造成129人遇难。

"长尾鲨"号是当时美国海军最先进的核动力攻击型潜艇。它能够像发射普通鱼雷一样发射一种类似潜射型反舰导弹的特种火箭。冲出水面后在空中飞行10余千米,再去袭击对方水面战舰或水下潜艇。尽管今天看来这种技术已经显得过时了,但在当时这可是非常厉害的独门"暗器"。

1963年4月10日,"长尾鲨"核潜艇的艇长哈维上校正在水深290多米海域进行最大下潜深度试验。

哈维艇长对这艘新技术核潜艇的下潜深度试验信心满满。当天潜艇下潜深度已达到300多米,在当时这已经是核潜艇下潜的最大限度。

就在此时,核潜艇突然失去动力并开始下沉。随后,核潜艇紧急使用备用的常规电池动力系统。艇长希望拯救核潜艇,拯救全艇129名人员的生命。

然而,一切操作都无济于事。核潜艇开始加速下沉,一直到了承受压力极限的深度,终于被无情的强大压力挤裂。海水涌入,所有人员全部遇难。

这是当时世界上最先进的核潜艇,也是美国对苏联进行战略威慑的水下最

新核平台。由于采用了水滴形状的艇体和强功率的核动力等手段,该艇水下最大航速可达40节,同时还可以极隐蔽地潜行作战。

而且,该潜艇的深潜技术远超当时苏联的潜艇,利用先进的声呐技术探测并对苏联潜艇给予致命打击。然而就是因为这次深潜实验使"长尾鲨"命丧大洋。

"长尾鲨"失事以后,美国海军核潜艇部队的士气一落千丈,唯恐这种倒霉的事发生在自己身上。同时也影响到了美国海军新型核潜艇计划的实施,美国海军也不得不对核潜艇的设计进行了重新审核。

在"长尾鲨"号核潜艇失事事件发生之后,世界上还发生了一系列核潜艇事故。

1968年,美国"天蝎"号核潜艇葬身大西洋,99名艇员全部遇难;同年苏联的一艘E-11级核潜艇在地中海沉没,造成90人死亡。

➤ 图4-8 "长尾鲨"号核潜艇是美国的第十九艘核潜艇,可携带当量为2万吨的TNT核弹头,能从水下攻击海上目标,属攻击型核潜艇。作为美国同级核动力攻击型潜艇中的第一艘,价值达4500万美元。它集美国当时的先进技术于一身,性能十分优越,曾被誉为"万无一失"的潜舰

2000年8月12日，在巴伦支海参加北方舰队演习的俄罗斯海军"库尔斯克"号多用途核潜艇沉没失事，这次潜艇沉没事故共造成艇员118人全部遇难。

2009年2月3日，在大西洋中部的公海海域，英国"前卫"号弹道导弹核潜艇和法国"凯旋"号核潜艇相撞，相撞事故造成两艘核潜艇严重受损，其中英国核潜艇需被拖回港口。

……

自核潜艇问世以来，核潜艇事故频频发生。据相关资料分析统计，仅核潜艇沉没的恶性事故就达17起，共造成600多名艇员丧生，海洋环境也受到威胁。

核潜艇的核反应堆安全吗？

> 图4-9 2000年8月12日，俄罗斯"库尔斯克"号核潜艇在巴伦支海航行时发生故障而沉没，潜艇上118名艇员全部罹难。这艘战略导弹核潜艇可以携带24枚核弹道导弹，1994年建成，1995年服役，为俄罗斯海军中最现代化的潜艇之一

其实，只要仔细分析事故发生的原因就能得知很多故障并不是核反应堆的问题。如美国"休斯顿"号核潜艇发生的放射性废水泄漏，但该事故并非是核反应堆故障所致，其直接原因是维护人员不负责，事故也未造成大的损害。

再如美国"弗兰克·凯布尔"号核潜艇官兵被蒸汽烫伤的事故，也与核反应堆无关，此类意外任何潜艇都可能遇到。

俄罗斯"库尔斯克"号核潜艇沉没也不是核反应堆的问题。核潜艇较多发生的事故，经常是其他外部因素诱发，比如和其他潜艇相撞、造船厂失火、被渔网缠绕、撞上冰山等，这些也不能归类为核反应堆事故，若事故发生后处理及时，通常不会引起核泄漏。

虽然这些事故大多与核泄漏无关，也是安全的，但核潜艇事故在一定程度上暴露了科学技术、研究设计、施工建造、艇员素质等诸方面存在薄弱环节。

所以，减少核潜艇事故发生除了要提高核潜艇本身质量和安全水平，使其具备优越的性能和可靠性外，还要注重提高科学管理水平和人员综合素质。

隐身新希望：超导磁流体推进

1990年8月，在日本神户港一艘名为"大和1号"的小船举行了隆重的下水仪式。该船是三菱重工建造的排水量仅为150吨世界上第一艘利用超导磁流体动力推进装置的试验船。

这种动力装置一直受到各国的密切关注，因为它会对未来潜艇的发展产生了重要的影响。

在潜艇发展的千百年时间里，人们对潜艇进行了不断的改进和创新，但目前最有效的推进方式仍是螺旋桨。针对螺旋桨推进的效率问题、噪声问题，人们一直在寻求解决的办法，能够找到一种高效替代方式才是治本之法。

终于，数十年来电磁学的进展以及超导材料科学的突破和现代控制方式的引入催生了超导磁流体推进器这种全新的推进器方式。

与现役的潜艇相比，超导磁流体推进潜艇具有推力以及航速和噪声等方面的优点显著，它的前景被许多军事专家看好。

首先，超导磁流体推进器用吸入导流管和喷出导流管替代螺旋桨。没有了传动系统部件间的摩擦，没有了螺旋桨的转动声，这些都使噪声无限接近于无，实现了物理意义上的无线接近"零噪声"和军事意义上"零噪声"。

▶ 图 4-10　三菱重工业神户造船所使用超导磁流体推进螺旋桨的世界第一艘超导磁体推进实验船"大和 1 号"

　　其次，这种潜艇的壳体是由新型高强度钢制成，抗压能力比普通潜艇要强得多，因此，可以下潜得更深，机动性能更好。

　　再次，由于超导磁流体推进器的磁体，电极都是相对静止的固定装置，可以利用增强电压提供强输出功率，这样就会极大地提高潜艇的航行速度。

　　最后，超导磁流体潜艇可以携带更多先进的进攻性武器装备，使其水下威力更强。

　　由于超导磁流体推进装置没有了螺旋桨，齿轮和轴承等一系列的传动部件，这对于潜艇的安静性能和隐身性能来说是具有吸引力的。

　　它的运行原理是：在强大的电磁力的作用下，海水旋转着向后高速运动，再经出口导流器变为平行水流后通过喷口向艇艉喷射，推动潜艇前进。

　　1968 年，美国加利福尼亚州大学的斯图尔特·韦意博士研制了世界上第一艘模型试验船 FMB-1，通过航行测试表明，该实验船的动力明显不够。

　　20 世纪 70 年代，高温超导新材料的研究有了突破性的进展，磁流体动力推进装置运行平衡。日本在这方面的研究走在了其他国家的前面。

　　20 世纪 70 年代，超导技术开始在实践中应用，1976 年日本建造了电磁推进船模 SEMD-1，通过实验证明，超导强磁场在电磁推进中的有效性。

1990年8月，世界上第一艘通过超导磁流体动力推进的试验船日本"大和1号"正式下水。

美国直到20世纪90年代才开始加强超导磁流体推进的研究工作，但大有后来者居上的趋势。磁流体推进技术作为一项前沿的伟大发明，该项技术有许多优点，如安静、运行高速、操作容易等。但任何一项发明也少不了缺点和不足，如会产生气泡、会对海洋环境造成污染等。

作为一项综合多种学科且刚起步的复杂的科学技术，有许多技术难题还有待解决。但我们相信随着科技的不断创新以及新工艺的不断出现，这些难题一定会被攻克，并不断成熟和完善。

➢ 图4-11 超导磁流体推进器外观

第五章 耳聪目明：潜艇观察导航系统

Chap.5

隐蔽性是潜艇最大的优势，它可以长时间在水面以下潜行。潜伏在水下的潜艇如何能探测到周边的情况呢？不用担心，声呐就是它最灵敏的"耳朵"。利用声呐可以探测到它周边几十海里甚至上百海里范围内的情况。同时，潜艇在茫茫大海下面航行，路是一定"看"不见的，怎么办？这便 是"导航系统"。本章将就潜艇的"耳""目"作综合介绍。

潜艇的耳目——声呐

太平洋战争期间，美国的潜艇经常能轻易突破日本人的防线并向日本的舰船发起突袭，这让日本海军一直困惑不已。而且，当日本的潜艇刚刚接近美国的军港就会立刻遭到美军舰或飞机的攻击。

难道美国有了什么新式武器？猜的没错，一种叫作"声呐"的装置已普遍安装在了美国的潜艇上。

声呐是利用声波对水下的物体进行探测和定位的电子设备，常用来搜索潜艇和测量水深，是现代舰艇不可缺少的导航设备。声呐分为主动声呐和被动声呐。

声呐能够向水中发射声波，声波的频率大多在 10 kHz—30 kHz 之间。这种声波有较强指向性，在水中传播时遇到水雷、潜艇或鱼群等目标，就会反射回来被声呐接收，这样根据声波往返的时间可以确定目标的距离。

安装了声呐的美国潜艇对日本人的封锁线摸的清清楚楚。此外，在潜艇必经的航道上也安装有声呐，这样海里的一举一动都在美国人的监视之中。

隐蔽性是潜艇的最大特点。在作战时潜艇就需要长时间在水下潜艇，潜艇对周边情况的观察也就只能依靠声呐进行探测，因此声呐就被称为潜艇的"耳目"。

在水中，任何物体的运动都会产生振动和噪声，这种振动成噪声的信号就会被被动声呐接收到，进而来确定对方的距离、属性等信息。

对运动的目标识别能力强，隐蔽性好，这是被动声呐的优势。但对静止的目标就无法识别。对静止目标的探测与识别就需要开启主动声呐，但主动声呐容易把自己的位置暴露给对方。

在水中对物体的探测，声波要比其他任何手段都强，可以说具有得天独厚的优势。另外，其他探测手段实现的探测距离都不如声波的探测距离长。

事实是这样的吗？曾经有人做过这样一个实验：几公斤的炸药在深海中爆炸的讯号两万公里外都可接收到。因此，在海洋中通过声波来进行探测目标是当前最有效的手段。

历史上有两件事件都对声呐的研制和改进加快了进程。一个是令世界震惊的"泰坦尼克"号海难事件。

1912 年 4 月 14 日，"泰坦尼克"号的处女航便与冰山相撞而沉入海底，这一震惊全球的事故引起了科学家对探测定位的研究。

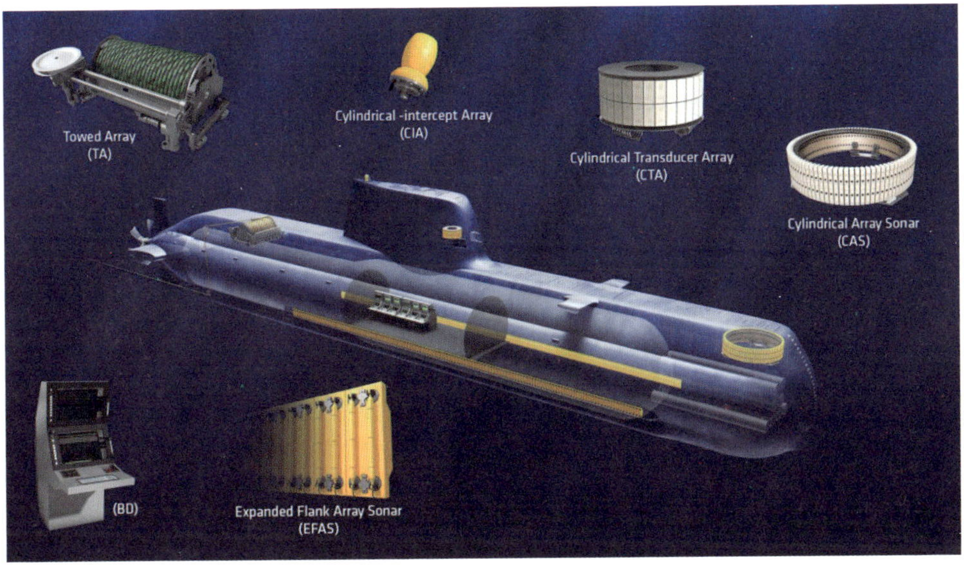

![潜艇声呐图]

> 图 5-1　潜艇的声呐

另一个事件是在一战期间，协约国的大量货船与军舰被德国的 U 型潜艇击沉，让海面上的舰船惊心不已。

为了对付德国水下潜艇，英国海军人员集智攻关，他们认为，制服这种特殊的武器，首先要解决侦察的问题，也就是要发现它，只有发现了它才能发射鱼雷命中目标，这个时候，就迫切需要一种能探测这些水下"恶狼"的办法。

两位英国科学家郎之万和希洛斯基接受了这个任务，他们带着科研团队随即投入到紧张的研究之中。经过他们的不懈努力，他们研制的声呐装置开始在军舰上试验并很快投入战场。靠着声呐的主动寻找和精确的定位，皇家海军每天都能击中德军潜艇。

虽然战争是灾难，是残酷的，但是不得不承认由于战局的需要，引发了大量的科学研究，无论是出于什么样的目的，也可以说战争推动了科学技术的发展。

随着科学技术的进步，出现了数字式声呐，应用范围更广，性能更加强大。该种声呐已不仅用于军事的探测与搜索，而且还用于对海洋资源的探测和研究。

功能齐全的声呐家族

2001 年 2 月 10 日，一艘日本"爱媛"号实习船在夏威夷海域与一艘美国海军的"格林维尔"号核潜艇相撞。"爱媛"号随即沉没，这次事故再一次引发人们思考：安装有声呐的一艘先进潜艇怎么会撞上另一艘船呢？

据调查，当时"格林维尔"号上搭载了16名参观的民间人士。为了满足其中两名民间人士体验紧急上浮的感受，"格林维尔"号在做紧急上浮演习时，只通过潜望镜观察了一下便紧急上浮，导致了此次事故的发生。

如果这艘潜艇启动声呐，这起事故本不会发生。可见，声呐确实是潜艇的"顺风耳"。那么，现代潜艇到底有哪些声呐呢？

随着现代潜艇承担任务的多样性，以及日趋复杂的水下作战环境，老式潜艇装备性能单一的声呐已远远不能满足现代条件下的作战需求。

又由于工作原理不同造成基阵型式和艇体布置都存在较大差异，所以，现代潜艇往往会装备七八种不同特性的声呐。

例如美国的一种潜艇因其担负了多种作战和侦测的任务，装备不同用途的声呐有15种之多，这些声呐分别负责导航、测距、警戒、探雷、测地貌，等等。

随着现代科学技术的发展，声呐也日新月异，种类繁多，性能各异，用以提高潜艇的水下探测水平。

一、艇艏多功能声呐

艇艏布置声呐是大多数潜艇的首选，因为潜艇的艏部受艇体后段噪声与振动影响较低，有利于提高水声探测器材的探测性能，所以潜艇的主水声站一般都会布置在艇艏处。

艇艏声呐往往具备主、被动工作能力，并能保障潜艇进行警戒、搜索、跟踪、识别、攻击等多种作战任务。

艇艏声呐系统主要有两种：一种是圆柱状声呐基阵；另一种是球型声呐基阵，这两种声呐基阵的空间监测范围大，再加上现代的相控阵数字多波束技术，扫描速度快，多目标跟踪能力强。

俄罗斯在潜艇上偏好采用圆柱状声呐，如著名的877型"基洛

▶ 图5-2 现代潜艇艇艏声呐：球型声呐基阵

级潜艇，就装备了体积较大的 MTK400 系列圆柱声呐。这种声呐系统体积庞大，探测距离较远。

美国潜艇偏爱球型声呐，美国的艇艏声呐大都装备的是体积硕大的球型基阵。球型基阵的阵元多，快速扫描能力强，空间监测范围广。因为体积很大，声阵孔径进一步增大，发射功率增强，所以球型基阵的探测性能在艇艏声呐系统中是较为突出的。

二、舷侧阵声呐

艇艏基阵受到艇体布置的限制，同时在艇体舷侧和艇体后方也都存在着盲区，不能做到全方位监测，影响了潜艇的实时警戒和监测范围。

为了提高潜艇探测能力，现代潜艇又开始在艇体上布置舷侧阵声呐。舷侧阵声呐是指将众多的水听器沿着艇体纵向方向，布置在艇体左右两舷侧的声呐。

➤ 图 5-3　舷侧阵声呐

由于舷侧阵声呐能够扩大基阵的声阵孔径，在工作频段上可以进一步降低频段，所以被动探测距离也得到了有效的提高。

现代极个别的舷侧阵声呐的工作频段甚至可以达到 200 Hz。

舷侧阵声呐隐蔽性好，声呐的湿端位于艇体两舷侧，所以监测范围大，而且定位探测目标的方位准确。舷侧阵声呐在探测距离和探测范围上都优于艇艏声呐系统。

舷侧阵声呐是现代潜艇用来弥补其他声呐系统功能不足，提高潜艇探测水平的重要手段。现在各潜艇建造国对于舷侧阵声呐的运用都是相当重视的。

三、拖曳线列阵声呐

拖曳线列阵声呐是将一连串的水听器按一定间隔排列后，布置到透声的保护导管中，再通过布放机构拖曳于艇体外的声呐系统。

▶ 图 5-4 拖曳线列阵声呐结构图

拖曳线列阵声呐不再受制于艇体布置条件的局限，导管中的几百乃至上千个水听器有效地扩大了声阵孔径，将潜用声呐的工作频率降低到了低频甚至极低频，极大地增加了潜用声呐的探测距离。为潜艇水下目标定位、远程警戒等提供了有利条件，有效地扩大了潜艇的作战范围，提高了潜艇的作战威慑力。

美国的 TB-16 系列拖曳线列阵长 100—150 米，拖缆总长近 800 米。声阵直径 82.5—89 毫米，工作频率在 3 kHz 以下，最低达到了 10—20 Hz 的极低频，其最远探测距离达到了惊人的 180 千米。

另外，随着战争需求的不同和科技发展，又出现了各种辅助声呐。

侦察声呐是用来侦测和识别通过水面舰艇或其他潜艇上的声呐发射的声波信号，并对其进行信号特点来判断对方舰只的性质和类型。

探雷声呐是对水雷进行探测和定位的声呐，主要安装在扫雷舰或水面舰艇或潜艇上通过超声波来探测雷阵或单个水雷。这种声呐是在二战期间发展起来的。

通信声呐是潜艇之间或潜艇与水面舰船之通过声波进行水下通信的声呐。装备在潜艇和水面舰艇上用于相互间的语音和电报通信。

敌我识别声呐是当在水下发现潜艇或水面舰艇时通过口令的方式来识别敌我的声呐。如果能收到一个回答正确的信号就可以判断是我方，反之就不是我方。

声速测量声呐是通过测量声波在各个水层中传播速度的时间差来确定敌方潜艇所在的水层和位置，从而进行躲藏或占据有利位置进行攻击。

测深声呐是专门负责测量海水深度的声呐。为了及时掌握海区情况，保证潜艇安全，人们常常用测深声呐测知海底深度，以免潜艇下潜或航行时撞着海底。

测冰声呐是用于探测前面有无冰山、上面有无冰层、冰有多厚的声呐，用于避免潜艇水下航行或上浮时撞着冰层或冰山。

近年来，随着电子技术的飞速发展，声呐技术也获得了长足的进步，人们目前正在研究一种更新型的声呐。

潜艇的"眼睛"——从潜望镜到光电桅杆

公元前 2 世纪，我国的《淮南万毕术》一书中就记载了这样一段话："取大镜高悬，置水盘于其下，则见四邻矣。"就是说，利用高挂在上面的镜子所反映的四周映象，再发射到水盆中间，以此来潜望四周的景象。

这个装置是世界上最早的潜望镜，它虽然很粗糙但是这一发明的意义却非常深远。近代所使用的潜望镜，就是根据这个原理制造的。这本书也成为了世界上最早记载潜望镜原理的古书。

20世纪初，现代潜艇就已安装了潜望镜，1906年德国海军建成第一艘潜艇时，已使用了相当完善的光学潜望镜，由物镜、转像系统和目镜等组成。

这个其貌不扬的设施——潜艇潜望镜是潜艇的"眼睛"，也是潜艇指挥员观察外部世界的唯一窗口。

潜望镜和声呐是潜艇的耳目，潜望镜在潜艇上使用的历史比声呐的还要久。1854年德国的白马·戴维设计了一种潜艇视管，下潜的潜艇可通过视管进行一定角度的观察。美国南北战争时期使用的小潜艇已经使用潜望镜作为导航装置。

棱镜潜望镜和望远镜是在1872年发明的，侦察时将其升出水面，不用时则降入艇内。现代潜望镜长达10—15米，顶端直径最小仅有30厘米，可大大降低侦察时的暴露率。

潜望镜既是一种观察设备，又具有鱼雷射击瞄准具、测距机、照相机、导航仪和无线电观察通信设备的功用。

在第二次世界大战结束以前，所有的潜艇都使用的是潜望镜，而且发展平稳，到了20世纪70年代后期开始出现了光电潜望镜，80年代末光电桅杆问世，使潜艇有了能实时搜索目标、分辨力更高的"眼睛"。

1976年，美国科尔摩根公司正式提出光电桅杆在潜艇上的可行性应用。

如今，这种光电桅杆已在新型核动力潜艇上淘汰了传统的穿透式潜望镜，这标志着潜艇光电桅杆技术已经达到相当成熟和可靠的水平。

光电潜望镜，顾名思义其还没脱离潜望镜的范畴，归根结底它还是潜望镜，不过与传统的光学潜望镜还是有太多的差别，如在功能、结构上有所突破。但它们在本质上没有任何不同，它的作用还是潜艇的"眼睛"，还是观察水面情况所用。

那么，光电潜望镜到底先进

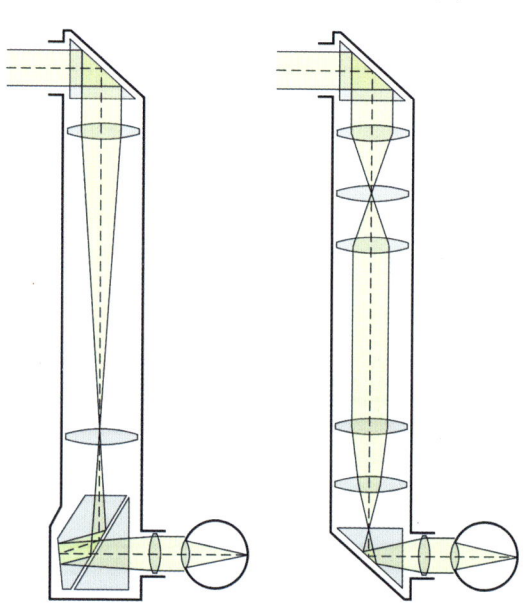

➤ 图 5-5 潜望镜原理

▷ 图 5-6　光电潜望镜桅杆

在那里呢？它对潜艇的作战性能有多大的改善呢？它能为潜艇带来跨越性的发展吗？

在结构上光电潜望镜最大的改进就是运动部分全在潜艇的耐压壳体之外。传统的潜望镜就像是一个结构复杂的大型望远镜，它通过不同角度的镜片把外界的情况反射到潜艇内来实现观察。

光学潜望镜还会对潜艇的制造带来不必要的麻烦，而且对潜艇的密封性和下潜深度带来影响。

而光电潜望镜的建造结构对耐压体的影响很小，制造上简化了工作量，在布局上可以随意拉线，不必像传统的光学潜望镜那样非得把目镜物镜按规矩放。所以它的布局可以更合理而且节省了很多机构。

在功能上，光电潜望镜比传统的光学潜望镜多了一套数码摄像系统，它不是用眼睛来直接观察水面的，而是通过数码摄像系统来获取外部信息，再通过光纤电缆传送到艇内的处理器通过处理再到显示器显现出来。

通常情况下，电子桅杆要装备三台照相机。此外，它在一个抗压并且淬过火的独立壳体内还要安放了一台紧急任务控制相机，通过一台护眼激光测距仪来确定目标的精确位置。

光电桅杆获得的图像通过光纤送到两个工作站和一个指挥官控制台。从任意工作站都可以用控制杆来操纵这两个光电桅杆。每个工作站配备有两台平板显示器，一块标准键盘和一台追踪球接口设备。

美国"弗吉尼亚"级核潜艇中就使用了"光电桅杆"。光电桅杆可以提供传统光学潜望镜所具有的成像、导航、电子战和通信的功能。

每艘"弗吉尼亚"级潜艇都装配有两个光电桅杆，它们并不延伸到潜艇内部，桅杆能像伸缩着的汽车天线一样探出。这样一来就节省了艇内的宝贵空间，使指挥舱的空间更加广阔。

光电潜望镜就把信息全都数字化以后传送到艇内，这样就便于艇内作战系统的分析、运算，便于更快捷的识别和反映。而且现代数字化的桅杆整合了原来的几根桅杆的作用，可以减小指挥台的尺寸，对减小雷达反射有不小的帮助。

光电潜望镜还能最大程度的缩短观察时间，和传统的光学潜望镜相比它不需要长时间停留在潜望深度来观察水面情况，它只要在潜望深度用光电潜望镜扫描一下，然后就可以下潜到安全深度再慢慢分析所观察到的东西，这样一来被敌发现的概率就大大降低了，才能更好地打击敌方。

横空出世，深海罗盘技高一筹

1119年，北宋人朱彧在他的《萍洲可谈》一书中对指南针用于航海有明确的记载。其中记述1099—1102年间的事说："舟师识地理，夜者观星，昼者观日。阴晦观指南针。"

记载的内容意思是当时航海人为了辨认方向，晚上看星辰，白天看太阳，阴天下雨就看指南针。可见我国最晚在11世纪末已将指南针用于航海了。阿拉伯人和欧洲人是在100年后通过航海与中国人接触，才获得指南针并学会将它用于航海的。

在我国的先秦典籍中，就有"先王立司南以端朝夕"（《韩非子·有度篇》）的记载，就是利用磁铁的指极性制造指南仪器，这是我国古代的一项伟大发明。

东汉思想家王充在《论衡·是应篇》中也有"司南之杓,投之于地,其柢指南"的论述。

这里的"司南"是我国古时候用来辨别方向的一种仪器。"柢"就是用天然磁铁磨制成杓柄状的东西,把它放在光滑的刻有方位的盘上,利用磁铁的作用可以来识别方向。

这是最早的指南针了,但是天然的磁铁不仅打磨起来不容易,而且磁性会随着时间的变化慢慢减弱,便失去了指南的作用,因此没有得到推广。

后来,人们发现了一种比司南更加灵敏和持久的指南仪器,这就是水罗盘。就是把磁针放置在一个周边刻有方向中间能够盛水的盘子里,在静止的水上磁针自由旋转,静止时所指两端分别就是南和北。这种罗盘技术到了我国的明朝末期已经发展的很完整了。

在指南针出现之前,人类在大海航行中无法准确的辨别方向,只能依靠观测天象来进行判断大概的方向,当指南针出现以后便加速了航海的发展,开创了人类航海的新时代。

从利用地球磁场定位到通过卫星定位再到量子罗盘定位,大家所熟知的美国的 GPS 以及我国的"北斗"导航都是依赖卫星的全球定位则系统。这些系统必须要有至少四颗卫星来传输信号,要实现全球定位则需要更多的卫星,而且在水下无法接收到信号波,定位系统也将会受到影响。

而量子罗盘是完全不依赖于卫星的定位系统,它不需要接收电磁定位信号

➢ 图 5-7 量子罗盘技术或将取代全球定位系统

而是通过自身的所感受到的加速度的变化来确定路径,这种定位非常适用于水下潜艇的定位与导航。

量子罗盘与其他定位系统相比最为显著的特点就是在物理上极难被外界所干扰。如GPS要依赖于发射到空中的卫星支撑,这就很容易受到攻击,量子罗盘将不再需要卫星以及无线电发射塔等支持。

潜艇在水下进行潜航GPS是无法工作的,当潜艇浮出水面后,也许已经偏航很远了。但如果使用量子罗盘就不会出现这种偏航的状况。

不论是我们熟悉的指南针还是非同寻常"量子罗盘",都蕴含着人类探索地球磁场的科学智慧。

据悉,科研人员在实验中利用超冷原子敏锐感知地球磁场变化的特性,通过比对地球磁场分布图从而获得精确位置信息。所以"量子罗盘"导航技术一旦可用于实战,那么潜艇深海作战将会产生质的飞跃。

定位对潜艇来说极为重要,量子罗盘不仅定位精准甚至可以摆脱对卫星定位的依赖,而且还能让导弹的精度提高。那么,什么是"量子罗盘"?

量子罗盘,人们也称之为量子指南针,是一种新型的导航技术。这种定位技术摆脱了对卫星的依赖,也不需要无线电发射塔这类的参考点,属于惯性导航定位的方法之一。

如今,量子技术已经成为影响经济、军事等的重要技术,特别是各国军方对这种技术青睐有佳,因为如果能够取代现在广泛使用的天基导航系统,就不会受到各种限制。

在军事领域,现代各种潜艇、战机等武器用量子罗盘来定位导航将更加精准。量子罗盘的使用将导致未来军事格局的巨大变革。

在商业层面,包括我们使用的手机、电脑在内的小型化电子设备,还有民用的飞机、火车、汽车等交通工具,最终都可以使用上量子罗盘。

不过,量子罗盘的出现也并不意味完全放弃GPS或"北斗"定位导航系统。毕竟其在短期内是不会取代原有的天基导航设备的。

> 图5-8 "量子罗盘"优于卫星定位系统,受到对安全有绝对要求的领域的关注

第六章 无与伦比：构造与外观 潜艇的

潜艇是公认的战略性武器，潜艇的外型经历了从船舷型到水滴型的发展过程。随着技术的发展，潜艇水下航行能力越来越强，设计人员更多地考虑了潜艇水下航行流体外型，水滴型自然是首选。为了能达到下潜相当深度的目的，必须对耐压壳采取更高强度处理。其流线型的外表与钢铁铸造的结构共同造就了现代海底巨兽。

Chap.6

巨鲨的钢铁身躯

潜艇为什么既能在水面航行，又能在水下进行长时间的潜行呢？这就得需从了解潜艇的结构及其强度开始。

现代潜艇的艇体由两部分构成，包括耐压结构和轻型结构。耐压结构是保证潜艇在一定的深度之内能够确保安全运行的基本结构，主要包括耐压艇体、耐压指挥台以及耐压液舱等。潜艇的轻型结构主要指上层建筑、指挥台围壳和一些液舱等。

潜艇的结构形式对其总体布局、排水量、总体性能、生命力、经济性等均有较大的影响。

艇体结构在演变过程中，出现了单壳体结构、双壳体结构和混合壳体结构。

单壳体结构是目前大多数潜艇采用的结构，也有采用双壳体结构的。混合壳体结构在实际建造中用的很少，特别是二战后已经没有哪个国家再采用这种结构了。

单壳体结构的潜艇就是只采用一层耐压壳结构的潜艇，这种潜艇的结构相对要简单，制作的工艺要求较低，潜艇的个头小，水下航行的阻力也较小。

由于压载水舱全部在耐压艇体内，所以单壳体结构潜艇的艇体空间十分狭小。

另外，这种结构设置，很难确定压载水舱的承载能力，这就给潜艇的结构设计增加了难度。

一直到了第二次世界大战以后，这个时期单壳体结构潜艇的压载水舱从艇体内布置到了艇体外的艏艉两端，艇体呈完整的流线外形。

最为典型的就是美国的"洛杉矶"级攻击型核潜艇，这艘上世纪70年代建造的单壳体结构潜艇的压载水舱就布置在了潜艇外——艏艉两端。

此外，采用单壳体结构潜艇的国家还有很多，典型的有：法国的"宝石"级攻击型核潜艇、德国的209型核潜艇和英国的"特拉法尔加"级攻击型核潜艇等。

1896年，法国的潜艇设计师马克西姆·劳伯夫最先提出了双壳体结构的潜艇设计思路。当时称这种具有双壳体的潜艇为"可潜舰"。

双壳体结构的潜艇是在耐压壳体外多了一层轻外壳包覆，这样在两层壳体之间就形成了一个舷侧空间。

双壳体潜艇的燃油舱、燃油压载水舱、主压载水舱、浮力调整舱等全部布

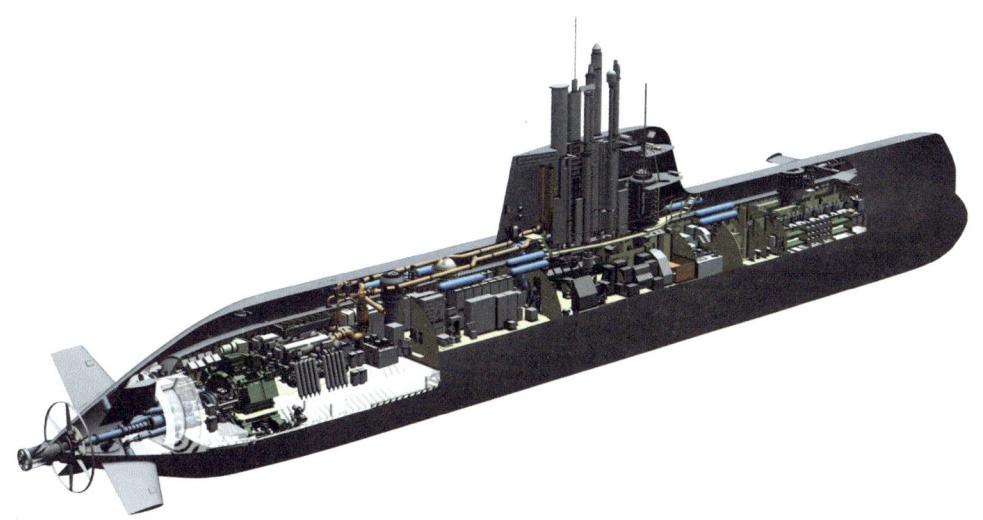

> 图 6-1　单壳体潜艇构造示意图

置在这个舷侧空间。由于双壳体潜艇比单壳体潜艇多了一层壳体，多一个舷侧空间结构，所以双壳体潜艇的结构要比单壳体潜艇的结构要复杂一些。

由于苏联的潜艇基本是在极寒的海域中航行，因此大多数都设计成双壳体结构。这种结构的潜艇安全性高，不容易发生艇体的破损。

美苏争霸时期，苏联为了能够有足够的力量毁掉美国的航母战斗群，将发展重点放在了重点发展一种可以容纳20到24枚重型反舰导弹的"水下巡洋舰"，这样"奥斯卡"级巡航导弹核潜艇就应运而生了。

"奥斯卡"级巡航导弹核潜艇就采用了双壳体的结构设计，在夹层间的左、右舷侧空间各安装了12枚巡航导弹发射装置。这24枚导弹可以一次性依次发射出去。

这种结构的潜艇水面的航速高而且耐波性能好，另外可以在夹层中装设抗耐压的肋骨，以此来增强艇体的强度。

不过，双壳体结构的潜艇相较于单壳体的潜艇不够灵活，下潜时需要更多的时间，这在一定的程度上影响了潜艇的作战能力。

另外，由于结构复杂使得潜艇的建造成本增高且维修保养的难度也比较大，如有的维修必须要把潜艇的部分拆除后才可以进行，额外增加了维修的难度和时间。

任何事物都存在着优点和缺点的两个方面，单壳体与双壳体的潜艇各有优缺点，在这两种艇体结构发展改进的过程中各个国家都积累了丰富的经验并都发展迅速。

采用什么样的壳体结构形式，这取决于科学技术的进步和部队作战的需要。

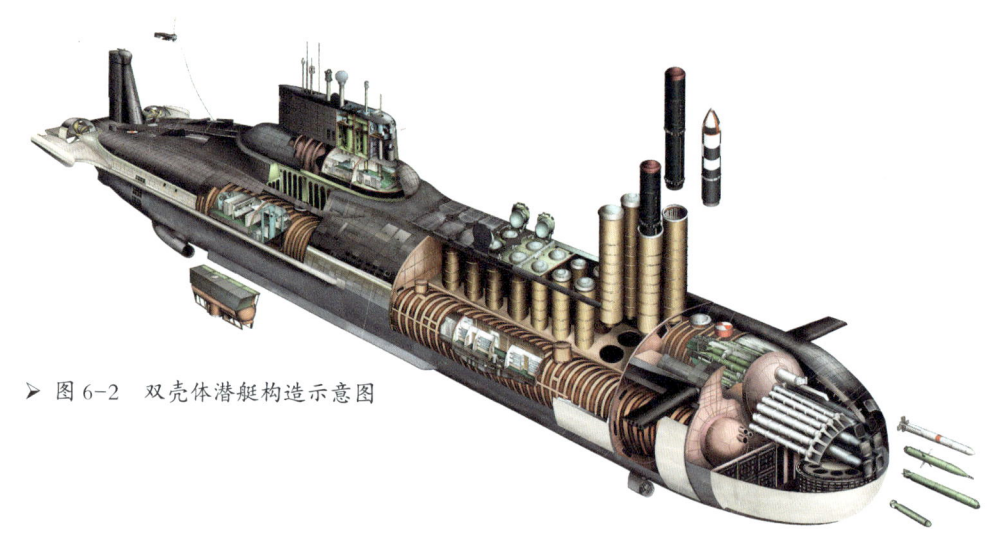
▷ 图6-2 双壳体潜艇构造示意图

以"霍兰"号为代表的早期潜艇采用的都是原始的单壳体结构。这些早期单壳体结构的潜艇以水面航行为主,单壳体潜艇的储备浮力不足,稳定性和适航性都限制了潜艇在远海作战的能力。

第一次世界大战前期,个半壳体和双壳体结构开始出现。由于个半壳体和双壳体结构的潜艇储备浮力大,水线面高,水面航行时的稳定性要比单壳体艇好。这让潜艇部队能够远离海岸,到大洋中去作战,同时良好的水面航行性能也非常适合第一次、第二次世界大战时期水面航行、水下攻击的作战模式。

从这些发展轨迹上,可以清晰地看到潜艇科技的发展及部队作战需求的牵引对于壳体结构的推动作用。

世界上第一艘水滴型潜艇

隐身性能是潜艇的最大特点,在海战中具有突袭优势和威慑作用,所以,潜艇具备良好的隐身性能是保证其战斗力的关键所在。

现代的潜艇之所以大都设计成水滴形,就是因为这样可以减少水下的阻力,保证潜艇有良好的操纵性。最重要的还是水下静音隐藏能力。

20世纪50年代,潜艇领域的一个重大进步就是开始采用水滴艇体,第一艘采用水滴艇体的潜艇是美国的"大青花鱼"号潜艇。

"大青花鱼"号潜艇拥有最完美的流线,摩擦阻力小,水下机动性和稳定性好。美国在建造水滴型构造的潜艇采取了三步走:先把核动力装置装在常规线性潜艇上，同时建造水滴型常规动力潜艇，在两者都成功的基础上，最后结合成核动力水滴线型试验艇。

早期潜艇的设计师们为了提高潜艇的水下性能，降低水下阻力，把潜艇的艇体设计成雪茄形或纺锤形，以尽可能提高潜艇的水下航速。

第一次世界大战爆发之后，追求在水面上的适航性能是这一时期潜艇设计的重点，拥有潜艇的国家仅仅是把潜艇看作是一种可以下潜的水面舰艇。这种设计理念一直持续到二战后期。

二战后期，盟军利用驱逐舰加大了反潜作战的力度，打击效果显著。这样德国、日本潜艇的设计思路转为以水下性能为主，水下高速型潜艇便应运而生。

20世纪40年代后期，工程师展开了对潜艇水下性能系统性的深入研究。1948年，美国海军莫姆森少将提出了建造一艘水下性能优异的潜艇的建议。

经过大量的实验和严密的计算，研究人员最终确认，水滴形艇体是水下高速潜艇的最佳线型，确认后又进行了验证。

经过数年的研究论证，美国海军决定建造一艘实验性潜艇"大青花鱼"号。该艘潜艇的艇体采用水滴型艇体线型，预算费用1000万美元。1950年1月，朴次茅斯海军造船厂获得了建造该艘潜艇的订单并开工建造。

作为世界上第一艘水滴型艇体潜艇，"大青花鱼"号潜艇的水面排水量达到了1516吨，水下排水量为1837吨，它的水滴艇体是自潜艇诞生以来最具特色的一种线型。

采用水滴型线型设计最突出的优点是潜艇在水下阻力系数接近完美，但它在水面航行性能方面就显得力不从心。

"大青花鱼"号原设计的水上航速为25节，但在试验中发现，潜艇在水面状态下航速超过12节时，艇艏上就会出现浪飞溅到指挥台围壳；当航速超过15节时，操纵性变差，航行变得危险。这个试验证明，水滴型艇艏的潜艇，在水面航行时也应当用较低的速度。

服役之后的"大青花鱼"号潜艇又进行了多次的改装。在第三次改装时，将原来的十字形尾舵改成了X形。这种尾舵改变的优点在于尾舵尺寸相当的情况下，X形尾舵的转向效率是十字形的1.414倍。

"大青花鱼"号的第四次改装安装了昂贵的银锌电池和反转螺旋桨，并将主推进电机的功率也进行了改进，由原来的6500马力提高到15000马力。这样在银锌电池和大功率电机的作用下，"大青花鱼"号创造了常规潜艇的最大潜航速度纪录——33节，至今仍未被打破。由此可知，"大青花鱼"号之所以能达到如此高的航速，其水滴型艇体的设计功不可没。

▷ 图6-3 "大青花鱼"号采用鱼形艇体,航行阻力极小,但艇体侧面全是弧面,加工困难,也不利于艇内舱室布置。此后美国建造的核潜艇艇体中段采用了折中的圆柱形结构

> 图 6-4 美国"大青花鱼"号潜艇

该艇没有装备任何武器系统,仅仅是为一艘试验潜艇,但其各项出色的试验成果对美国海军乃至世界各国潜艇的设计与发展都产生了极为深远的影响。

除此之外,"大青花鱼"号还为美国海军验证了 HY80 高强度钢的焊接工艺和适用性,验证了新型主/被动声呐和拖曳声呐基阵。

在经过了试验之后,"大青花鱼"号的水滴线型与"鹦鹉螺"号的核反应堆结合在一起,美国海军的核潜艇终于从襁褓中走向了成熟。

从此之后,美国海军又建造了具有水滴线型的"长颌须鱼"级潜艇和"鲣鱼"级核动力潜艇,从而形成了世界上第一支水下高速的水滴型艇体潜艇舰队。

潜艇能在水下待多久不上来

作为一种秘密武器,潜艇的隐蔽性能才是其最具威慑力的部分,如果经常在水面上游荡,其生存能力和作战能力都会大大降低。那么,为了提高潜艇的水下机动能力,该怎么办?

潜艇在发展过程中,推进动力系统的改进和更新一直是最核心部分,从人力到蒸汽再到燃油和电力再到核动力,等等。

潜艇采用柴油机配合电动机作为动力来源是在第一次世界大战之前,潜艇在水面上航行时是柴油机为提供动力并为电瓶充电,在水下航行时依靠电瓶提供动力。

▷ 图 6-5　常规动力潜艇

　　不过由于电瓶所能提供的动力只能维持很短的时间，之后必须浮上水面充电，这个时候，潜艇就完全暴露在视线之中，所以它的隐蔽性能就大大降低。

　　常规潜艇自从问世以来，人们对常规潜艇的推进方式进行了多种尝试，但直到目前，常规动力的潜艇仍然是采用柴油机加蓄电池为动力推进源。虽然现在各国都在探索新的大容量电池，但仍没有实质性的突破。

　　航速低、续航力小是水下蓄电池这种推进方式的最大缺点，这就迫使潜艇要经常上浮到水面，转为依靠柴油机为动力进行水面航行并为蓄电池充电，为再次下潜航行提供动力。

　　多年来，关于潜艇水下的动力问题进行过无数次的尝试。有的研究还取得了一些成果。如1940年，德国的沃尔特就发明了氧化氢汽轮机，采用这种动力的潜艇在水下的航速最高可达26节，20节航速的情况下可续航110海里。

　　第二次世界大战前，德国把一种通气管装置应用在潜艇上。这样保证了柴油机能够在水下正常工作，柴油机工作中产生的废气也由通气管排出。这

➢ 图6-6 AIP潜艇

种通气管的使用极大地减少了潜艇浮出水面的概率，提高了隐蔽性。

第二次世界大战结束以后，作为水下动力来源的过氧化氢发动机受到各国的重视，但是安全性问题一直是制约其实际应用的最大瓶颈。而且它的价格极为昂贵，于是过氧化氢发动机的研制最终被放弃了。

经过几十年的研究，像不依赖空气的动力装置（AIP）已进入实艇使用阶段。1995年2月，世界上第一艘装备斯特林发动机的AIP潜艇"哥特兰"号正式下水，1996年7月，该艇正式服役于瑞典皇家海军。虽然这艘艇的排水量只有1500吨，但却标志着常规动力潜艇的一个新时代的来临。

我们都知道，像普通的常规潜艇，主要是采用柴油机和电动机作为主动力，如果没有空气和氧气，柴油机就不能工作。柴油机不工作，蓄电池就无法充电，潜艇也就不可能在水下航行，这样的潜艇实际上就成了水面舰艇。

AIP潜艇是指潜艇在水下航行的时候利用自己携带的氧为热机（热机是能将热源提供的一部分热量转化成为对外输出的机械能的机器）或化学发电装置提供燃烧条件，完成能量转换，进而给潜艇提供推进动力和电能。

这种发动机所需要的氧以液态形式储存，斯特林发动机是通过气体受热膨胀、遇冷压缩而产生动力的。由于无需外部空气，潜艇可以水下航行三周左右不上浮，极大地提高了潜艇的隐蔽性能。

目前，世界上各海军国家为了提高潜艇的水下机动性能和隐蔽能力，通过采用的路径主要有三种方向，一是采用核动力装置，二是采用核、常联合动力装置，三是研制新型的常规动力装置。

其中，采用核、常联合动力装置的方案，由于造价和技术的问题一直没有任何进展，更多是一种构想。

现在随着核技术的不断成熟，采用核动力装置的潜艇已经成为一种发展的趋势。其优势是加注一次燃料可以使用十多年，而且可以水下航行三、四个月不用上浮。但缺点是造价高，技术复杂，一般的国家难以承受。

相对来说，很多国家都致力于研制新型常规动力装置，近年来服役的新型潜艇大多都具备AIP动力。

潜射巡航导弹发射

现在的潜艇已是隐蔽性武器的一个平台，通过潜艇这个武器平台在海底进行潜射巡航导弹发射是进行大纵深、远距离、"外科手术"式打击的主要工具。

潜射巡航导弹极大地提高了潜艇反动攻击的隐蔽性，而且更容易突破一般反导系统的防御体系。

再加上核潜艇从理论上无限制水下隐蔽航行，加上 2000 千米以上远程巡航导弹，其打击力度和突袭能力怎么形容都不夸张。

从"沙漠风暴""沙漠之狐"到"盟军力量"行动，潜射巡航导弹发挥了巨大的作战威力。目前，只有美国、英国、俄罗斯、中国和印度装备有潜射巡航导弹。

水平和垂直发射是目前潜射巡航导弹水下发射的两种主要方式。

美国通过潜艇的鱼雷管对"战斧"巡航导弹进行水平发射，发射时，导弹被推进鱼雷发射管，由射击指挥仪器开始对导弹进行射击前的检查，还需要根据传输的数据调整制导设备，一切就绪后随即导弹解除束缚。

开始将海水注入套筒，导弹从密封容器中推至套筒。导弹冲开鱼雷发射管后，还有一条拖曳拉索与套筒相联。

拉索拉直后保险开关解除，助推器开始点火。发动机工作并使导弹进入弹道。发射完成后，密封套筒由液压抛射系统抛入大海。

装有运载器的俄罗斯"大力士"巡航导弹从标准鱼雷管进行潜射。导弹与运载器从鱼雷管发射出水后，距水面 30 米高度靠爆炸螺栓起爆使弹、器分离，巡航导弹升空，运载器落入大海。

从 1982 年开始，美国的"洛杉矶"级攻击型核潜艇加装的巡航导弹采用垂直发射系统发射。

"洛杉矶"级攻击型核潜艇装备有 12 枚"战斧"式巡航导弹，这种垂直发射系统又叫座舱式发射系统。发射时，由推进剂产生的高压气体将导弹推出，当导弹升到水面后发动机点火推动其巡航飞行。

俄罗斯"北德文斯克"级核动力导弹潜艇可以发射新一代 SS-NX-26 巡航导弹，首艇已于 2000 年服役，它带有 8 个舱段式垂直发射筒。

总的来看，不管是采用垂直发射还是水平发射，都各有优缺点。不过，垂直发射在火力、可靠性和反应时间上比水平发射更有优势，是潜射巡航导弹的发展趋势。

目前，威力大、精度高、生存和突防能力强的巡航导弹，结合潜艇的隐蔽性，使潜艇巡航导弹成为攻击高价值目标的有效武器。

未来，潜射巡航导弹在海战中将会发挥越来越重要的作用，更多的国家将考虑发展或获得这一武器。

> 图 6-7 俄罗斯"北德文斯克"级核潜艇

潜艇如何从水下深处发射弹道导弹

20世纪80年代末，苏联的北方舰队举行过一系列的"河马行动"军事演习，演习的主要目的就是检验核潜艇一次性把所有的战略导弹全部发射的能力。

1989年8月6日，代号为"河马二号"行动的演习正式拉开了序幕，此次演习苏联海军派出了一艘"叶卡捷琳堡"号核潜艇，演习中要把艇上的16枚R-29RM"轻舟"战略导弹全部发射出去。

由于突然发生导弹燃料泄露故障，最终决定由"叶卡捷琳堡"号的姊妹舰"新莫斯科夫斯克"号核潜艇继续执行"河马行动"。

此次演习苏联海军高层极为重视，也是为了保证行动成功，苏联海军北方舰队司令萨里尼科夫少将和北方舰队潜艇大队长马基耶夫上校登艇坐镇。

"新莫斯科夫斯克"号核潜艇潜航到预定的海域后，潜射导弹随即发射，16枚体积硕大的"轻舟"导弹相继从潜艇上成功发射。16枚导弹以14秒一发的间隔从"新莫斯科夫斯克"号上腾空而起，前后一共用了224秒。按照演习的预先设计，第一枚和最后一枚导弹落地爆炸，其余14枚导弹均在飞行过程中被指令自毁。

要知道，16枚核导弹的威力惊人，它们的爆炸当量相当于第二次世界大战期间使用的所有弹药的总和，没有任何靶场能承受住它们的爆炸威力。而苏联军方高层则私下将"河马二号"称为"末日彩排"，这是人类历史上空前绝后的一次导弹齐射。

众所周知，潜航状态下导弹在弹出弹舱后，一下子就减少了至少50吨的重量。如果弹舱不注水的话，潜艇就会因失去平衡而上浮，即便注水，因为密度的原因也不可能借注水达到原来的平衡状态。那么，导弹发射后，弹舱是否被注水（或自动被水充满）？潜艇如何保证水下浮力的平衡？

30米深度，2节左右的航速，这是潜艇水下发射弹道导弹时的安全指标。即使是30米这样的深度，要想打开发射筒盖也不容易，只有向筒内增压至筒内外一致时，才可以轻松开启发射筒盖。

为了防止筒盖打开时海水进入发射筒，筒口安装的水密隔膜使筒内呈一种水密和气密结构，并与筒外的海水压力相等。

这种水密隔膜使海水进不去，筒内的气体也不会溢出。当导弹发射时，会将穿透水密隔膜并推出筒外。

➢ 图6-8 核潜艇水下发射弹道导弹

导弹出筒后一级火箭点火推动导弹飞行至三十千米左右后二级火箭点火助推，然后将导弹推向外层空间，按预定弹道飞行后，再入大气层对目标实施攻击。

导弹在离艇后首先要向发射筒内立即注入海水，这样把发射出去几十吨的导弹重量得到及时弥补，保持潜艇的稳定性。为了进一步提高潜艇的稳定性和发射时不受风浪的影响，也有的采用水下点火的发射方式。

除了采用垂直发射，也有采用鱼雷管来发射反舰导弹。通常将反舰导弹放置在一个标准口径且尾部装有一台固体火箭发动机的鱼雷容器内。

发射导弹时，潜艇将整个容器与导弹一起推出艇外，到达一定的距离后，火箭的发动机点火产生推力推动容器进行潜航。

整个容器航行一段时间后便跃出水面，导弹从容器内射出后助推器自行点火向空中飞行，当飞行至一定的高度，巡航导弹的主发动机点火并降至一定的巡航高度。

要使潜射导弹能够精准地摧毁目标，对目标的精确探测手段是必不可少的。而水下发射的近程巡航导弹，它对目标的探测主要是靠潜艇上的声呐设备。

如果攻击目标在 100 千米范围内时，美国潜射"战斧"导弹就需要综合探测系统来进行探测。如预警机、雷达和卫星将探测数据传至处理中心分析再通过卫星传至潜艇。

第七章

以矛制盾：大洋深处的危险

Chap.7

　　潜艇由于具有隐蔽性，机动灵活，自给力、续航力大以及攻击力强等特点成为现代海军的主战力量。常言道："魔高一丈，道高一尺。"在潜艇技术发展的同时，反潜技术也在飞速发展，已形成卫星、空中、水面和水下的综合反潜侦察系统。潜艇受到的威胁也在不断增加。同时由于自身因素及洋流影响，潜艇在深海中处处险象环生，上演着大洋深处矛与盾的生死较量。

潜艇如何应对水下"克星"

随着珍珠港事件的爆发,美日在太平洋上的争夺正式展开,美海军"掷弹兵"号(USSGrenadier)潜艇作为海战突击力量被充实到美军太平洋潜艇舰队。1942年6月,该舰先后参加了东南亚海岸巡逻、中途岛大战等一系列作战行动。

次年4月底,为切断日本海上物资运输线路,"掷弹兵"号潜艇奉命再次出击,很快便在普吉岛附近发现了2艘日本货轮。真是仇人相见分外眼红,"掷弹兵"号潜艇迅速调整姿态,准备对其展开攻击。可令它万万没有想到的是,螳螂捕蝉黄雀在后。就在"掷弹兵"号准备大展拳脚时,却被一架日本反潜飞机发现。为免受攻击,"掷弹兵"号迅速开启下潜模式,希望远离是非之海。可惜为时已晚,在下潜过程中,它被一枚从日军飞机上发射的反潜鱼雷击中,顷刻舰体破损,动力系统被毁,电子元件燃烧。为避免沉入海底的悲剧发生,舰上官兵积极行动起来,灭火、堵洞、抢修……,经过十几个小时的忙乎,潜艇终于不再下沉,并慢慢浮出水面。乘此机会,全舰官兵急忙搭建简易帆船,准备就近上岛以图保命,但不巧的是,其行动还是被日军发现,一番战斗后,潜艇已经不堪重负,官兵们只得开启舱门弃舰逃生。潜艇沉入大海,70多名舰员成为日军俘虏。

可以看出,潜艇作为一种隐蔽性极强的作战兵器,尽管很多时候都能依靠潜深和静音效果达到出其不意,攻其不备的目的,但在面对反潜鱼雷时,一样十分脆弱。那么,反潜鱼雷到底是种什么样的武器?而与反舰鱼雷相比,两者又有哪些区别呢?

反潜鱼雷是一种执行反潜作战任务并对潜艇进行杀伤摧毁的自导型爆炸装置。

早期的反潜鱼雷和反舰鱼雷,虽然都属于水上作战武器,但在结构、使用方式上存在区别,具体来讲,有这样几点:

首先,定深不同,反潜鱼雷通常定深在100米左右,在此深度范围内,对潜艇产生威胁,而反舰鱼雷定深很小几乎可以忽略不计。

其次,任务不同,反舰鱼雷多用于对水面舰艇、船只进行攻击;而反潜鱼雷则以攻击潜艇为主。由于潜艇在深海中潜航,所以反潜鱼雷必须装有自导系统。当鱼雷发现潜艇后,就能在导航控制下跟踪潜艇。

早期的鱼雷由于自身的动力受到限制,只能在较近的距离上对水面舰船等目标进行直航射击,命中率和作战效能都较为有限。

➤ 图7-1 尾流自导鱼雷

一直到第二次世界大战后期,德国海军才研制出能够接收目标噪声并且自动导向目标的单平面被动声自导电动鱼雷,鱼雷才开始进入制导时代,现代鱼雷也由此开端。

在战后美苏争霸的期间,美国和苏联都在自导鱼雷的研制上投入了大量的人力物力。美国投巨资研制了主动声自导鱼雷,而苏联也研制了新型尾流自导鱼雷,都希望能够占领现代鱼雷发展的"技术高地",以便在现代海战中占据优势。

随着现代鱼雷自导技术的发展和提高,现代自导鱼雷的打击范围和命中精度又有了新的进步,强化了现代鱼雷在海战中的重要地位。

鱼雷自导技术是指通过目标反射的能量或目标的辐射来发现目标,并对鱼雷进行操纵,使鱼雷发现、跟踪和直致命中目标的技术。

现代鱼雷的自导技术主要划分为声自导和尾流自导两大方面。

由于声波在海水中的传播损失最小,抗干扰性最好,因此,利用声能量作为控制信号，引导鱼雷在水中自动搜索、跟踪和攻击目标的技术，被称为声自导技术。绝大多数的现代自导鱼雷都属于声自导鱼雷。

尾流自导技术，就是利用水面舰船在航行时，由船体运动和螺旋桨转动产生的声、磁、热等特性，鱼雷发现尾流并跟踪水面舰船，接近并达到破坏水面舰船的目的。

现代尾流自导技术也主要分为被动尾流自导和主动尾流自导两种形式。被动尾流自导是通过检测水面舰船尾流的声异常、磁异常或者热异常等特性，发现尾流并且操纵鱼雷沿尾流进行蛇行跟踪，结构简单，工程上较容易实现。主动尾流自导是依据水面舰船尾流的声反射或者声散射特性，自导头向水中辐射声信号，从而检测水面舰船尾流来实施攻击，自导头结构较复杂，成本较高，抗干扰能力强。采用自导技术之后，鱼雷的命中率大大提升。

随着现代鱼雷技术的不断发展，特别是鱼雷智能化程度的不断加深，其作战效能越来越强大，给现代海战条件下水面舰船和潜艇的生存带来巨大压力。

潜艇要做好对鱼雷攻击的防护，首先就必须了解鱼雷攻击的发射方式，攻击手段以及可能出现的状况。

我们知道，现代鱼雷多采用主/被动复合制导及声自导系统快速跟踪方式对潜艇进行攻击，而发射方式更是多样化，有空投，舰射，还有固定式遥控等等。以直升机空投鱼雷的攻击为例，其鱼雷入水点与潜艇较近（通常在1千米以内，

➤ 图7-2 反潜鱼雷

时间大约在1分半钟左右），因此，要有效防御以上述方式、手段发射的鱼雷，对潜艇的防御来说难度较大。那么，就真的没有办法了吗？

答案是否定的。

事实上，任何鱼雷都是有一定搜索范围限制和攻击死角的，一旦避开其范围和躲进死角，鱼雷的来袭就将失去效能。以美军MK46式空投鱼雷为例，该鱼雷就属于一种主/被动声自导型水雷武器，它有速度高、下潜深、攻击范围广等特点。发射入水后，可在1370米半径范围内进行环形搜索，一旦接收到潜艇回波，其攻击程序自动开启。在此情况下，潜艇可通过远距探测设备，接收鱼雷空投时所产生的航行噪声，以及鱼雷主动声信号，并根据信息提前转向，尽快逃离鱼雷搜索范围。与此同时，采取调姿、变速变深变向等手段，做好躲避鱼雷二次攻击的准备。

当然，这些手段虽然有一定的效果，但也存在难度。为此，一些国家在其他方面也进行过有益的探索。如，通过对潜艇螺旋桨进行改进，以放缓尾流速度降低噪音；通过更换泵喷推进系统提高潜艇功效（也可达到降噪的目的）；通过施放反鱼雷诱饵、干扰弹等方式对来袭鱼雷进行误导和干扰破坏。

另外，有的国家还在潜艇上铺设消声瓦，这是随着现代的吸声材料的发展而应用起来的一种隐身装备，能够有效地吸收声能，抑制噪声振动，并能降低潜艇产生的声音目标强度，提高隐身性能。

目前，有的国家正在抓紧研制反鱼雷深弹、反鱼雷网、反鱼雷鱼雷、电磁加速鱼雷摧毁弹等"硬杀伤"装备。

这一系列新技术装备，主要用于对鱼雷本身进行拦截摧毁。反鱼雷鱼雷对尾流自导鱼雷更有效，因为尾流自导鱼雷不受声干扰器的影响。

总之，对付鱼雷可使用改变潜艇的航向和深度、投放诱饵、释放反鱼雷鱼雷等措施，成功后重新取得主动权。

"猫和老鼠"的大战

第二次世界大战时期，盟军的反潜飞机与德军的潜艇经常在大洋上进行惊心动魄的战斗，反潜飞机与潜艇就像猫和老鼠一样。

1943年7月24日，一艘德军潜艇与一架英国轰炸机在海上相遇，并展开了激烈的战斗。经过较量，德国潜艇用高射机枪打中了轰炸机，飞机一头栽到潜艇的前甲板上。飞机撞得粉碎，机头、机翼和机尾落入水中，飞行员当场死亡。

▶ 图 7-3 美海军 P-3C 巡逻机正在监视一艘上浮航行的苏联"维克多"级核潜艇

同时,潜艇也因遗落在潜艇上的深水炸弹发生爆炸失去了动力,潜艇只能漫无目的地漂浮在水面上。不久,英国另一架飞机赶到,对潜艇投入几枚深水炸弹,潜艇慢慢沉入了海底。

潜艇最大的优势是其隐蔽性,可对目标进行突然袭击,摧毁目标。当然,对手也千方百计对付潜艇,反潜手段不断升级,给潜艇以致命打击。

从第二次世界大战中的反潜之战看,德国的潜艇在战争中处于劣势:一旦被高频雷达锁定,无所遁形,加上潜艇在水中速度慢,一旦被盯上,常成为刀俎鱼肉。

那么,潜艇遇到反潜飞机,是不是只有跑的份儿?当然不是。

以前的潜艇由于缺少对反潜舰机的反制手段,所以一旦遇到对方的攻击时就很被动,同时也不可能作大范围的机动。在这种情况下,潜艇唯一能够做的就是下潜至更深水域,或者采取静默沉底等被动措施。

然而,现代的潜艇在面对反潜舰机的攻击时已今非夕比。今天的潜艇静音性能好,动力强,续航能力长,使现代潜艇的隐蔽性与攻击性大大加强。

特别是现代潜艇都装配了先进的潜射防空导弹,遇到反潜的舰机时已不再是被动挨打的活靶子,防御手段变得更为主动。

潜艇发射的潜空导弹具有很好的隐蔽性，不容易被对方的舰机发现。而且潜空导弹还有自主搜索、跟踪目标的强大杀伤力。

随着潜射导弹在实战中的运用和不断更新改进，极大地提高了其作战能力。如英国的"斯拉姆"、美国的"西埃姆"、法德联合研制的"独眼巨人"等。

特别是德国研制的更为先进的"海神"潜空导弹（IDAS），是很有效的潜空导弹，给潜艇提供了一个消灭反潜机的机会。

"海神"导弹是世界上第一种专门为潜艇开发的潜空导弹。该型导弹是德国在21世纪初空空导弹的基础上研发的，主要是为212型潜艇装备的一种潜射防空导弹。该导弹采用了"光纤＋红外"的复合制导方式，对目标具有较强的探测能力。

潜艇依靠自身的拖曳阵声呐或监听反潜直升机的浸入水声呐发现目标后，直接可以从鱼雷管发射反潜导弹。

在导弹出水后，弹上红外导引头迅速开机进行360度扫描，锁定目标后直接进行攻击。除防空外，"海神"导弹还可用于打击水面舰艇和陆上目标，还

▷ 图7-4　德国212型潜艇使用IDAS光纤制导导弹攻击水面舰艇示意图

具有较强的多用途作战能力。

然而，不可否认的是反潜力量也在大大加强：专门的反潜机、反潜艇，更加先进的声呐系统、雷达系统、卫星监测系统，还有先进的反潜炸弹。

比如，美国的波音公司专门为美国海军研制了一款新一代多用途反潜作战飞机 P-8A，该反潜机长大约有 39 米，配备两台发动机，时速可以达每小时 907 千米，巡逻半径在 2200 千米以上，实用升限 1.24 万米。

P-8A 多用途反潜飞机装备有多种现代反潜设备，如声呐浮标、磁异探测仪、搜索雷达，机腹下还有弹舱，可以挂载反潜鱼雷和炸弹，机翼下还可以挂反舰导弹，P-8A 最多能够携带 100 多个声呐浮标，而一般的反潜机只能携带数十个声呐浮标。

特别是 P-8A 安装了先进的一体化"磁异探测"系统，能对水下目标进行搜索、探测、定位和确认。

安装了尺寸更小、亮度更高，而且还有监视（搜索、探测和多目标跟踪）和控制（火力和空中）能力的 APY-10 雷达。

2017 年 4 月 1 架韩国海军 P-3C 型反潜机在日本海发现了一艘潜入的俄罗斯潜艇，在经过 78 小时的追踪后，终于迫使其浮出水面。

韩国海军装备的 P-3C "猎户座"反潜机在性能上不要说比不上美国海军的 P-8A "海神"，甚至相比日本海上自卫队装备的同型号反潜机还要落后一些，但能够在发现俄罗斯的"基洛"级潜艇后还能迫使其浮出海面，也凸显了飞机面对常规潜艇时所拥有的巨大优势。

虽然很多国家在研究潜艇潜航状态下发射防空导弹对付反潜机的技术，但这种方式还是比较被动。在可预见的未来，潜艇在反潜机，尤其是大型岸基反潜机面前依然十分脆弱。

图 7-5 水面舰艇发射深水炸弹

深水炸弹:潜艇的主要"杀手"

深弹有突破雷阵、开辟航道、扫清登陆滩头等用途。深弹价格低廉、使用方便、装药填充系数高,通常以齐射覆盖方式攻击潜艇。

第二次世界大战中击沉的潜艇中半数以上是深水炸弹的杰作。今天,由于现代潜艇机动性能和防护水平的提高,一些海军国家正在竞相研制新的非触发引信以及使深弹向短程自导方向发展。深弹引信的发展使深弹成为近海攻深效费比最高的水中兵器。

深水炸弹是一种专门用于攻击潜艇的水中武器。按其装备对象的不同,分

▶ 图7-6 水面舰艇发射火箭式深弹

为深水炸弹和航空炸弹。

深水炸弹是传统的反潜武器,在第二次世界大战结束以前,深水炸弹一直都是反潜最主要的手段。一般情况下这种炸弹都是由驱逐舰或反潜飞机进行投放,装有定深引信,在投入到海水中到达一定的深度后就会自动引爆来杀伤攻击目标。

第二次世界大战结束以后,潜艇技术日新月异,深水炸弹的反潜地位逐渐被鱼雷所取代。

从深水炸弹所走过的历程来看,全球各国海军尽管在对它的作用、价值和开发上存在分歧,但对其价值的评判却是高度的一致,即无可替代。事实上,

从第一次世界大战开始，深水炸弹就始终是潜艇挥之不去的噩梦，而70年代的苏、法、日包括瑞典和挪威等国更是对弹种进行了多次改进，以确保自己的护卫舰、巡逻艇等小型水面舰艇的安全。

进入21世纪以后，深水炸弹的运用势头依然强劲。据报道，长期交恶的美国和伊朗，就曾因此发生过正面交锋。2018年11月，美国以对方偷偷开发核武为借口退群（《伊核协议》）后，两国矛盾迅速升级，双方互相指责大有赤膊决斗的架势。伊朗革命卫队为维护自身利益，有针对性的开展"封锁霍尔木兹海峡"的大规模军演，并在演习中在该海峡投放了多枚深水炸弹，很快，窜至该水域的三艘美军潜艇被"逼"无奈，相继浮出水面"告饶"。

还有英阿马岛之战中，两国均先后投入了先进的反潜鱼雷，但效果为零，没有一艘潜艇因此被毁受伤，相反，见势不好的英军率先变阵，通过反潜直升机直接将深水炸弹投入战斗，结果给阿方潜艇以重大创伤。

可见，深水炸弹这种传统意义上的反潜武器，结构虽然老旧，但其生命力依然旺盛，作战效果也依然十分明显，可以说，它的特点与效能并不比如今先进的空投（或舰载）鱼雷、反潜导弹差多少，其优势主要包括：

1. 适应海域广，虽然深水炸弹多工作在近海，但中远海的应用同样普遍，既可单独投放，又可与鱼雷及反潜导弹搭配运用，极大地拓展了其使用空间。

2. 空中飞行，安全隐秘，与鱼雷及反潜导弹不同的是，深水炸弹受海况、水声的影响较小，如在采取空中火箭飞行方式布防时，由于其绝大部分接敌距离都是在空中完成，且入海后可以最长不超过一分钟的沉速快速下潜于预定海深，所以，较难被发现，强化了它的攻击突然性。

3. 布防样式多，攻击目标全，深水炸弹可以空中力量、舰艇投送，也可通过陆上多管火箭齐射的方式布设。除了对潜艇具有致命杀伤外，对其他水面舰艇、来袭导弹，鱼雷也一样有着巨大的毁伤能力。它甚至可以作为普通火箭弹使用，打击水面、沿岸目标或破除雷障等。

4. 价格低廉、装药量高。和现代鱼雷、反舰导弹相比，深水炸弹有造价低廉，结构简单的特点，无论平时还是战时，都可以大量的生产、装备和使用，并且适合装备于各种类型的水面舰艇。

目前常见的深水炸弹型号很多。如，瑞典的SAM204型航空深水炸弹，该弹采用全钢弹体，可通过水压控制潜深，其引信设计新颖独特，配备抗冲击波和抗惯性力影响的专业装置，对邻爆无感。因此，SAM204型航空深水炸弹也有"呆萌杀手"的雅号。针对的目标主要包括活动于浅水海域或以潜望深度航行的潜艇。该国深水炸弹的设计生产一直久负盛名，其生产的火箭式深水炸弹，不仅自给自足，还出口二十多个国家。

再如，英国的MKⅡ式航空深水炸弹，该弹壳体坚固，配备抗震引信和起爆器，可在预设海深潜伏，以不同水压系数展开攻击，目标与瑞典的SAM204型相同。

此外，还有意大利的MS500、智利的AS-228等深水炸弹等。相对先进一些的是俄国的RGB-60型深水炸弹，该弹是一款无控火箭式深水炸弹，其全长1.83米，弹径0.212米，战斗部25千克，总重110千克，引信有两种工作状态，一个是单一触发，还有一个是定深触发。该弹由于配备有固体燃料火箭，所以射深可达500米。该国的常规深水炸弹比较普遍，海军各舰队均有保留。

号称头号军事强国的美国，其常规深水炸弹已被淘汰，反潜手段主要采用先进电子设备和核深水炸弹，这种既可采用空投，也可采用舰射方式发起攻击的武器，主要依靠巨大的爆炸当量摧毁潜艇。

最可怕的"掉深"危险

我们知道，潜艇的上浮与下沉是潜艇通过自身设备和手段改变重力来实现的，茫茫大海由于深度不同，造成海水的密度存在差异，如果潜艇在水下航行中遭遇异常水情、地形，如海啸、地震等，就可能造成压强增加，失去浮力，仿佛海中突然出现"断崖"一般，进而被吸入海沟，这就是"掉深"。

"掉深"是潜艇在航行过程中经常会遇到的情况，到目前为止，潜艇"掉深"仍是一个世界性难题。第二次世界大战以来，因为其发生时间短，人为和机械

▶ 图7-7 潜艇在深海中遇到"断崖"示意图

故障很难在第一时间查实,因此,从资料上看,很多潜艇的"掉深"事故便出现了。

1937年,一艘巡弋在大西洋上的德国U型潜艇意外失联,德国军方一时百思不得其解,因为对这种产于1906年的水下装备,军方一直迷之自信,应该说其性能还是不错的,而且在失联前毫无征兆。更关键的是,此时正处于一战结束,二战尚未开始的阶段,经调查该艇出海后也未遭遇任何其他袭击。就这样,这艘倒霉的潜艇失联之谜,成为萦绕在德军心里抹不去的隐痛。后来,经过海洋学家们的多年调查了解,才最终发现,原来它是遭遇海洋海啸,在巨大的海水压压强作用下被"吸入"到海底,成了一堆瘪壳,舰上官兵无一生还。

同样的事故在1968年再次上演,一艘从英国出发的以色列潜艇"达喀尔"号,在进入地中海不久,潜艇便突遇海水"断崖",瞬间失去控制,一个劲儿地下沉,潜艇很快超过潜深极限。最终,"达喀尔"号一步步坠入冰冷的海底,成为又一艘为"掉深"所害的潜艇。

当时对于"达喀尔"号潜艇的失踪有各种说法,有人认为该潜艇存在严重的质量问题;也有的人认为是阿拉伯间谍的破坏所致;甚至还有说是被埃及海军击沉的;等等。但目前看来,潜艇不慎进入跃变层"断崖"沉没的嫌疑同样不小。

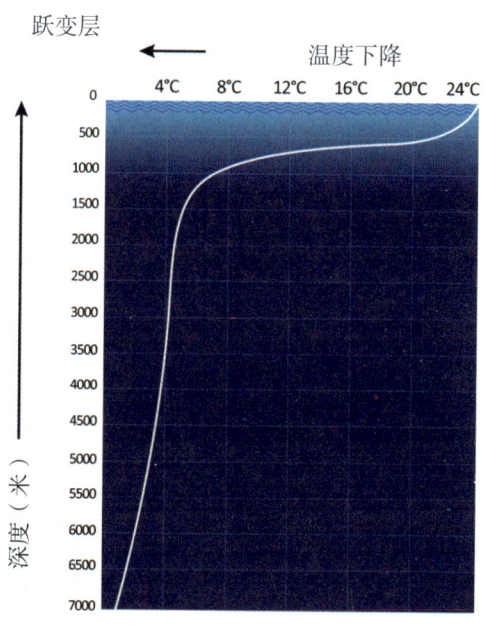

➢ 图7-8 海水跃层现象

潜艇自诞生到现在的一个多世纪以来，一直是海战中的突击力量，特别是在两次世界大战中更是充分显示出其水下杀手的本色。但是，伴随着潜艇成长的还有无数大大小小的事故，各国海军都经历过潜艇事故惨剧。

自核潜艇诞生以来，各海军强国核潜艇事故共发生达285起，其中美国就有147起，占51%；苏联（俄罗斯）97起，占34%。可以说，潜艇安全，关系国际安全，关系人员安全，如何看重都不过分。

影响潜艇水下安全航行的海洋环境因素有多种。但其中有一种深海大洋中存在的海水跃层，也称"跃变层"，它所构成的威胁防不胜防。"跃变层"是指由于海水性质不同在垂直方向上出现突变或不连续剧变的水层。

海水的密度随着深度的增大向下递增。大约从1500米深度开始，密度会越来越小，在深层，海水的密度几乎不再随着深度的增加而变化。当水温或者盐度分布反常时，海水密度分布就会出现"跃层"。

跃层有两种：一种是随着深度增加，海水密度增大。这种跃层比较稳定，潜艇可以停机后浮在上面，既节省燃料，又隐蔽安全。所以人们把这种跃层称之为"波体海底"。

还有一种跃层，是密度随深度的增加突然降低。这种跃层极不稳定，一旦遇到扰动，跃层就会遭到破坏。如果潜艇在这种跃层上航行或停留就会很危险，可能会突然下沉失去控制而坠毁海底，所以人们把这种跃层叫作"海中断崖"。

潜艇突遇海水"断崖"，出现"掉深"，以越来越快的速度"下掉"。如果不能迅速控制住"下掉"惯性，一旦达到潜艇的极限下潜深度，艇体或管路就会承受不住巨大的压力而破裂进水，最终会艇毁人亡。

从世界潜艇装备技术发展来看，目前还没有哪个国家的潜艇能做到完全自动化的应急操作，人的因素始终是核心和关键，是否有灵活有效的快速反应机制和措施至关重要。

第八章

深海幽灵："蛟龙":海底神秘核武

核潜艇是当今海洋大国的重要核威慑力量，一直以来被各军事大国作为二次核打击的核心力量。在当今先进的武器装备中，核潜艇以其极强的隐蔽性、超长的续航性和强大的攻击性令所有的对手为之畏惧。美国的"鹦鹉螺"号是世界上第一艘核潜艇，从此，潜艇的发展进入了一个新阶段。

Chap.8

"鹦鹉螺"号：划时代的标志

《海底两万里》是法国作家儒勒·凡尔纳创作的一部长篇小说，讲述了"鹦鹉螺"号潜艇的故事。书中尼摩船长乘坐"鹦鹉螺"号在海底进行了一次长达两万里的惊险刺激的奇幻之旅。

奇幻的"鹦鹉螺"号是完全超越当时科技水平的产物，它的最高航速可达50海里每小时，而且航行性能极好，甚至有取之不竭的来自海水中的电能，它可以无限期地在海上航行。

为了纪念《海底两万里》中的"鹦鹉螺"号潜艇，美国把世界上第一艘核动力潜艇命名为"鹦鹉螺"号。该艇于1954年下水，它宣告了核潜艇的诞生。

"鹦鹉螺"号核潜艇比旧式潜艇大得多，总重达2800吨。艇长97.5米，宽8.4米，吃水6.7米，水上排水量3700吨，水下排水量则达4040吨。

第二次世界大战时期，美国是一个低调的潜艇强国。与德国海军U艇部队气势磅礴的进击相比，美国海军的潜艇部队不那么引人注目，但实际上第二次世界大战期间美国的潜艇技术仅次于德国。

战后的美国也不断进行潜艇技术的大胆尝试，以保证技术继续站在世界前沿。这些先进技术的试验潜艇是美国潜艇发展的里程碑。

美国物理学家菲力普·艾贝尔森最早设想把核能作为舰船动力的来源。在第二次世界大战期间，美国建造了核反应堆，用于验证核物理前沿技术。

菲力普·艾贝尔森构想核反应堆所产生的巨大能量或许能够驱动蒸汽涡轮，同时他还指出，核反应堆的能量不仅巨大，而且其释放能量的过程不需要空气参与。因此，最能发挥核能优势的舰船是潜艇。

艾贝尔森的概念获得了人称"核动力海军之父"的美国海军上将海曼·里科弗的支持。这促使美国国会批准并授权其建造一艘核动力潜艇。

1952年6月美国正式开工建造世界上第一艘核动力潜艇并命名为"鹦鹉螺"号。"鹦鹉螺"号于1954年下水，核反应堆是该艇最重要的新装备。在建造中，美国采取了先建造安装陆上模拟堆、测试完后再上艇的办法，这在以后成为各国设计建造核潜艇的标准流程。

为了避免全新的艇体结构带来潜艇可靠性方面的未知因素，该艇的设计建造中除了核反应堆以外，其余系统组件均保守地使用当时美国海军的已有设备。

该艇建造完成之后很长一段时间内都停留在码头，反复进行验证艇用核动力系统的任务。直到1955年，各项测试与设计修改完善之后，该艇才第一次出海。

> 图 8-1 "鹦鹉螺"号在北极圈试航期间用艇壳顶破冰层上浮

5月10日，它以完全潜航的方式自新伦敦航行到波多黎各的圣胡安，其中有2223千米的航程是在不到90小时的时间中完成，打破当时潜艇最长潜航距离与最快持续潜航速度的世界纪录。

1957年2月4日，"鹦鹉螺"号突破60000海里（111120千米）的航行纪录，实现了《海底两万里》中所虚构的同名潜艇所航行之距离。

1958年4月25日"鹦鹉螺"号开始执行极为秘密的北极探险军事行动，美国海军代号为"阳光行动"，该艇启程前往美国西岸开启了历史上著名的极地航行挑战。

"鹦鹉螺"号在6月9日离开西雅图港，在8月3日抵达地理北极，成为世界上第一艘航抵北极点的船只。自北极点开始它又继续在冰下航行了96小时2945千米（1830英里），在格陵兰东北外海浮上海面，以潜航方式成功地完成了穿越北极的任务。

"鹦鹉螺"号潜行验证了核动力装置上潜艇是可行的。同时，它通过一系列航行和极地远航，证明了核潜艇具有极其卓越的性能。

强大的攻击核潜艇——"海狼"级

20世纪末以来，美国海军一直保持其核动力攻击型潜艇的优势。20世纪80年代美国开始研制"海狼"级攻击型潜艇，目前已建成3艘。

› 图 8-2　"鹦鹉螺"号潜艇艇体剖视图

"海狼"级是迄今为止美国吨位最大的核动力攻击型潜艇。该级潜艇不论是动力装置方面还是武器装备和探测器材等设备方面，都堪称世界一流。

为了在海洋方向占得先机，更好地将苏联打败，美国使出浑身解数，决意在潜艇性能、数量、威力上先其一步，为此，经过多年准备和精心设计，这款采用核动力装置为推进部的最新一代核潜艇横空出世，可以看出，"海狼"级核潜艇就是美国在这一时期的争霸产物。

该型潜艇不仅具有反潜、反舰常规性能，还具备对陆打击、海区布雷以及执行护航等多种任务，被美国人夸赞为"21世纪的核幽灵"。然而，"海狼"生不逢时，苏联的解体使它失去了角逐对手，超高的造价也令美国措手不及，继续造吧，实用价值大打折扣。加上预算缩水造价太高，再搞的话实在肉疼。万般无奈之下，美军不得不按下了暂停键。就这样，"海狼"仅在出产3艘之后便被放弃，而早期预备打造30艘的豪言壮语，也就此成了一个响彻云霄的空包弹。

"海狼"级共建了3艘：SSN-21"海狼"号，1989年10月25日开工，1997年服役；SSN-22"康涅狄格"号，1998年服役；SSN-23"吉米·卡特"号，2005年服役。

"海狼"级长107.6米，宽12.9米，水上航行时吃水10.9米，水上排水量7460吨，水下排水量9150吨，水下最大航速39节，最大潜度610米。

作为目前世界上最先进的核动力攻击型潜艇，"海狼"有许多令人瞩目的特点。

其特点之一是性能卓越。"海狼"级潜艇采用了最新的消声瓦技术和全新的特制推进系统，这让整个潜艇的噪声水平下降到了一个极低的程度。

"海狼"级潜艇的噪声水平仅为"洛杉矶"级改进型的1/10，是第一代"洛

杉矶"级的 1/70。噪声最低约为 95 分贝,这一量级已经低于海洋背景噪声,这使它成为一级真正的安静的"大洋黑洞",有人把它称为全球最安静的潜艇。

其特点之二是进攻能力强、作战效能好。"海狼"级首部安装有 8 具快速发射能力的 660 毫米发射管,因此艇上没有安装垂直发射装置,所有导弹、鱼雷都从这 8 具发射管中发射,并具有快速再次装填能力。

该级潜艇可携载的武器品种较多,包括重型鱼雷、"捕鲸叉"反舰导弹、"战斧"巡航导弹、新型"海长矛"反潜导弹和无人潜水器等共 50 件管装武器。

▶ 图 8-3 美国"海狼"级"康涅狄格"号潜艇

性能参数

参考数据	
水上排水量	浮航 7568 吨
潜航排水量	SNN-21/22：9142 吨，SNN-23：12149 吨
水上吃水	10.9 米
潜航深度	610 米
全长	107.6 米
全宽	12.9 米
艇体结构	单层外壳
动力系统	1 座奇异 S6W 压水堆 52000 马力，1 具备用柴油推进系统
水上极速	20 节
潜行极速	39 节
自持力	80 天
乘员	133 人
主要武装	8 × 舰侧 MK-69 26 英寸（660 毫米）鱼雷管（装填 MK-48ADCAP 线导鱼雷、鱼叉反舰导弹、水雷等）
雷达	1 × AN/BPS-16 频平面搜索雷达

"海狼"最突出的特点是静音设计，在这方面，美国可是绞尽了脑汁，比如，首次出现在潜水艇上的"处子"之作——帆罩前的倾斜弯角造型。其结构就是为了降低海水流经帆罩时发出的噪音。再如艇体接缝、艇上舱盖以及水柜的开口等，几乎是事无巨细，都经过小心比对，以平滑顺溜，减轻流体阻力为准则，一切向降噪看齐。

此外，"海狼"还在继承 688-I 型降噪减震"优良传统"的基础上，为轮机铺设了两层减震平台。至于艇上功率高达 52000 马力的核反应堆，美国也同样优化了循环回路系统，这使得该艇在免开循环泵的前提下，静音航程也大幅增加。

电子设备方面，"海狼"除了配备 BQS-24 主动式近距探测声呐、TB-16 和 TB-29 拖曳线列阵声呐，以及 BQG-5D 被动式侦察声呐等多部先进的声呐外，还配备有分布式计算机系统、声学系统、控制系统和电子/水声对抗系统的作战指挥系统。上述系统搜索速度快，探测距离远，可对反潜空中战机和来袭鱼雷的噪声信号进行及时判别和信号分发。所有这些手段，都在相当程度上提高了它的警戒、探测、识别、跟踪、分析以及决策、执行能力。

设施的完备，直接带来效率的提高。据报道，"海狼"作战反应迅速，不仅可为联军指挥官提供综合指挥、控制和情报支持，还可在接收、处理、显示和跟踪敌、友、中立国陆海空三军的态势信息方面纠错迅速，为作战提供精准方案和

➢ 图 8-4 美国"海狼"级"康涅狄格"号潜艇

打击手段。

事实上,"海狼"级核潜艇不但是美海军当前航速最高的潜艇,而且一直被赋予全球使命并担任航母编队水下保镖的职责。

该级艇是目前美国下潜深度最大的潜艇,下潜深度可达 610 米左右,另外,还具有极强的冰下活动能力,这使得该级艇具有高度的机动性和隐蔽性,并具有绝对领先的性能和非同寻常的作战威力。

本级艇

序号	舷号	英文舰名	舰名	安放龙骨	下水	服役	建造
1	SSN-21	Seawolf	海狼	1989/10/25	1995/6/24	1997/7/19	Groton
2	SNN-22	Connecticut	康涅狄格	1992/9/14	1997/9/1	1998/12/11	Groton
3	SNN-23	Jimmy Carter	吉米·卡特	1998/12/5	2004/5/13	2005/2/19	Bangor

"海狼"级潜艇是历史上噪声最低、武器装备最精良、机动性能最好和最能发挥战力的多用途核潜艇,并具备在北极航区进行破冰的能力,因此,可以

说是目前世界上最先进、最令人畏惧的水下杀手。

2021年10月8日，美国突然对外宣布，"海狼"级核潜艇"康涅狄格"号在中国南海水域发生碰撞事故，艇鼻撞瘪，11名水手受伤，其核动力装置以及反应堆舱无碍，潜艇出水后驶往关岛。但未公布事故原因。

消息一出，舆论哗然，有人指责美军：这是迟来的消息，其实该艇早在一个星期之前的10月2日就已经出事；有的指责美军不负责任，甚至要求美军对是否出现核泄漏做出解释。由于事后羞羞答答，犹抱琵琶半遮面，随后引发大量猜测，事故原因更是众说纷纭。有人指出，该艇撞上了捕鱼设施；有的说，是与海底岩石亲密接触；还有的直指，不排除美军自己跟自己的军舰相撞，为了遮丑而不予公布的可能，此事至今成谜。

"洛杉矶"级攻击型核潜艇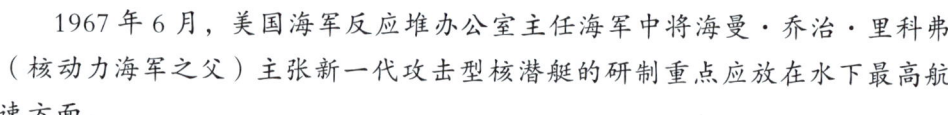

1967年6月，美国海军反应堆办公室主任海军中将海曼·乔治·里科弗（核动力海军之父）主张新一代攻击型核潜艇的研制重点应放在水下最高航速方面。

以里科弗为代表的少数人从实用角度出发，认为美国新一代核潜艇性能要比"鲟鱼"级更好，航速更高，应装备经过改进的各种先进设备，以保证对抗苏联占有绝对优势。

而时任美国国防部长等人则认为新一代核潜艇应该是一种安静型的攻击型核潜艇，水下最高航速稍低，在美国海军内部称为"康福姆"（CONFORM）。正当两派意见相持不下之际，1968年发生的一个事件促使事态向有利于里科弗的方向变化。

1968年1月3日，美国的"企业"号航空母舰正在加利福尼亚海域航行时，突然发现有一艘苏联N级攻击型核潜艇在后面进行跟踪。

于是"企业"号航空母舰开足马力打算甩掉在其后面跟踪的苏联N级核潜艇，结果这艘核潜艇竟然以相同的航速，仍保持着尾随跟踪。后来"企业"号航空母舰加速到了最高航速的31节航行，但是美国人惊奇地发现，苏联的N级核潜艇的航速也达到了30节左右。

这一事件使得美国海军及其情报机构感到十分震惊和忧虑。综合判断结果，使美国认识到，必须在速度上保持绝对领先水平，才能占有优势。最终，高速型终于战胜了"康福姆"型。新一代攻击型核潜艇就命名为"洛杉矶"级核潜艇，这场持续了数年之久的争论也画上了句号。

▷ 图8-5 "洛杉矶"级首艇"洛杉矶"号

"洛杉矶"级攻击型核潜艇属于美国的第五代攻击型潜艇,是在冷战时期建造的一种高速多用途核潜艇,其主要任务是反舰、反潜、为航空母舰战斗群护航。

"洛杉矶"级的首艇"洛杉矶"号于1976年11月13日服役,为该级潜艇定下了静音与速度标准。20世纪70年代末期由于美苏关系恶化,美国海军又增建了一批"洛杉矶"级核潜艇。

从"洛杉矶"级核潜艇首艇"洛杉矶"号在1976年服役到最后一艘"夏延"号1996年服役,美国海军在20年时间里前后持续建造了62艘"洛杉矶"级核潜艇,使其成为史上数量最多的核动力攻击潜艇。

"洛杉矶"级的艇体采用了水滴型,设有玻璃钢声呐罩;艇体较长,整个艇体中段都采用简单平直的圆型断面构造,整体造型线条流畅,适航性能优异。

"洛杉矶"级核潜艇的耐压艇体采用的是高强度钢材,所以其极限下潜深度最高可达530米。"洛杉矶"级上采用了充分的减震降噪措施,因此大幅度地降低了艇内的噪声。

在建造的过程中,从第40艘核潜艇开始,艇体外表面敷设消声瓦,改善了隐身性能,并且美国海军还利用对前39艘大修的机会逐步为它们敷设消声瓦。

"洛杉矶"级潜艇的耐压艇体内部被隔成三个大型的舱室:鱼雷/中央指挥舱、反应堆舱和主机/辅机舱。三个大型舱的上部各自设有一个逃生舱口,逃生舱口的外部可以与深潜救生潜艇对接。一旦"洛杉矶"级失事沉没,只要耐压艇体没有被海水压力摧垮,艇内至少可以保证有一部分艇员在深潜救生潜艇的救援下脱险。

➢ 图8-6 "洛杉矶"级攻击型核潜艇

"洛杉矶"级核潜艇主要有以下特点：

一是在外形上坚持传统，发扬光大。"洛杉矶"级核潜艇的"长相"与其前辈"鲟鱼"级大体一致，如水滴型艇体、圆钝的艇首，中段的平直圆断面等等。但也有自身特点，比如，为进一步降低航行阻力，缩小了位于艇首位置的指挥台围壳，但这样的改进有利有弊，最大的弊端是配置在这里的水平舵无法转至垂直方向，这严重制约了潜艇冰层下的机动能力。好在后续对此作了改进，将围壳舵换成了可收缩的水平舵。

二是艇体结构坚固。"洛杉矶"级核潜艇采用的艇材是HY-80型的低合金、高强度钢材，该钢材耐压性稳定，屈服强度好。潜艇在硬身板下的降噪也是面面俱到，不过，它最大的特点是"大舱分隔"的内部设计，即在艇中布置两个耐压横隔壁的基础上，再行分隔出三个舱室，这在美潜艇的设计中是开创性的。在这三个舱中分别布置有指挥舱、动力机舱和反应堆舱，为防意外，每个舱室各留有一个逃生出口。

三是动力配置合理，反应堆效率较高。该艇除了安装两台汽轮机外，配备一台具有降噪功能的 S6G 型压水反应堆，总功率达 35000 马力，此反应堆可在潜艇低速航行时自然循环方式运行，而无需启动一回路中的循环主泵。此外，该反应堆的堆芯可连续使用 12 年，是潜艇续航能力（达 40 万海里）的根本保证。

四是艇电系统、电子战装备和艇载武器齐全。"洛杉矶"级核潜艇从早期的 CCSMK1 到 BSY-1 型作战指挥系统一应俱全，通过这个系统可以将探测、火控及武器系统整合，从而构成综合作战指挥控制枢纽，引导 533 毫米的 4 具鱼雷发射管中的鱼雷展开进攻（该管还可发射 MK48 线导、MK-67 触发和 MK-60 "捕手"等多种水雷）；而 WLR-1H 型侦察和 WLR-10X 型警戒两种雷达，再配合 BRD-7 测向仪及 MK2 鱼雷诱饵系统，形成了该艇强大的电子战能力。

在海湾战争期间，美国海军曾派出两艘"洛杉矶"级潜艇参战，并发射上百枚"战斧"巡航导弹攻击伊拉克陆地上的军事设施，这也是美国攻击型核潜艇首次进行对陆攻击。

"洛杉矶"级核潜艇解决了美国海军四个关键技术问题，一是发展先进的潜艇武器系统，增强攻击型核潜艇的作战能力；二是提高水下航速，改进水下高速航行时的稳定性；三是提高隐身性能；四是拓展攻击型核潜艇的多用途概念。

性能参数

艇体参数	
艇长	109.7 米 /110.3 米
艇宽	10.1 米
吃水	9.9 米
排水量	6080 吨（水上），6927 吨（水下）
航速	30 节 /32 节（水下）
潜深	450 米（标准）530 米（极限）
续航力	40 万海里
艇员编制	133 人（军官 13 人，士兵 120 人）
传动	单轴叶 5 叶螺旋桨
动力装置	1 座 S6G 型压水堆 2 台汽轮机主机，功率为 35000 马力 装载 8 枚战斧导弹，4 枚捕鲸叉导弹（1978 年前）
导弹	装备捕鲸叉导弹（1978 年前），装备战斧导弹（1983 年起） 鱼雷管发射在艇艏球形声呐加装 12 个垂直发射筒（第二批）
鱼雷	4 具 533 毫米鱼雷发射管 14 枚 MK48 线导鱼雷

作为美国海军"前沿存在"战略重要组成部分的一级多用途核潜艇,"洛杉矶"级担负多种作战使命,由最初的攻击水面舰队、水下反潜作战、保护运输船队,发展到进行布雷作战、特种作战支援、对岸监视与情报收集。如今还承担起了对陆高精度攻击的新使命,并可作为美国遭受核打击后的战略反击力量的一部分。

浅海幽灵——"弗吉尼亚"级核攻击潜艇

20世纪90年代初,美军潜艇的主要任务就分布于各大洋与苏联对抗,然而,随着苏联的解体,让美军一下子变得无所适从。在强大的对手消失后,原来计

> 图8-7 "弗吉尼亚"级核动力攻击潜艇,又称为774级或"百人队长"级,是美国海军第一艘同时针对大洋和近海两种功能设计的核潜艇。作为取代冷战时代"海狼"级潜舰的便宜方案,计划建造30艘,均由纽波特纽斯造船公司、通用动力电船公司联合建造。"弗吉尼亚"级不属于战略核潜艇,在执行对地支援任务时,也就不易引起有核国家误判,这也成为其优势之一。"弗吉尼亚"级的先进设计理念使其成为新世纪美国海军最可倚重的"水下特种兵"

划每年下水一艘攻击型核潜艇的计划搁浅。为此，美军军费被减，装备建造也跟着被压缩。加上新的战争形态的急剧变化，原来那种对付大海洋、大深度、高航速敌人的战略，必须向近岸沿海的反潜与支援航母打击之类作战样式的转变。所以，在诸多因素影响下，物美价廉、功能多用途广的攻击型核潜艇成为美海军的首选。

由此，"弗吉尼亚"级核潜艇应运而生，该艇是作为"海狼"级核潜艇的替代方案出现的，该方案最初被称为"百人队长"级攻击核潜艇，计划分三批完成，美海军打算订购30艘（后来又减少到10艘），第一批9艘（SSN-774—782），第二批10艘（SSN-783—792），第三批11艘（SSN-793—803）。

还是在苏联没有解体前，美军就在核潜艇建造上挖空心思，不遗余力地下足了功夫。结果，还真把"洛杉矶"级、"海狼"级搞成了鹤立鸡群的"网红"，成为美军核潜艇上的标志性装备。东西是没的说，但银子也哗哗流，特别是单艇造价达30亿美元的"海狼"级，简直让各界瞠目结舌，纷纷指责海军：一群败家的混蛋。

在这样的背景下，对新艇的建造，美国防部上上下下都多了些谨慎，以免再次挨骂。所以，当"百人队长"级攻击核潜艇计划被提出来的时候，三个标准成了雷打不动的紧箍咒：比"海狼"的排水量小、比"海狼"的成本低，比"海狼"的功能多，实际上这三条就简简单单四个字：物美价廉。

性能数据

艇体参数（基本型）	
艇长	114.91 米
艇宽	10.36 米
吃水	9.3—10.1 米
排水量	6950 吨（水上），7800 吨/7925 吨（水下）
航速	28 节/34 节（水下）
潜深	244 米（工作）450—488 米/500 米（极限）
自持力	90 天
艇员编制	134 人（军官 14 人，士兵 120 人）
传动	单轴单桨，泵喷式推进
动力系统	1 座 S9G 型压水堆 2 台汽轮机主机，功率为 4 万马力 1 台辅助应急推进电机

> 图 8-8 美国"弗吉尼亚"级核动力攻击潜艇

续表

艇体参数（基本型）	
导弹	12 个巡航导弹垂直发射管 战斧巡航导弹 / 未来使用 ALAM 型导弹 鱼叉反舰导弹（鱼雷管发射）
鱼雷	4 具 533 毫米鱼雷发射管 MK48ADCAP Mod5/6/7 型线导鱼雷 MK67/MK60 捕食者水雷 / 其他新型水雷

定好了盘子就开干吧，没承想，就在美国人准备甩开膀子下手时，"苏联倒了"的消息传来。于是，就有了前面讲过的"近岸沿海、反潜支援"以及再后来的"由海向陆，前沿部署"总战略。

这一下，让本来打算进行浓缩处理的"百人队长"级攻击核潜艇计划仿佛瞌睡找到枕头，迅速紧跟大"战略"，以适应"冷战"新环境新要求。

1992 年初，就在设计单位对计划再次进行修改的同时，美国宣布停建"海狼"（最终共造 3 艘）。第二年，"百人队长"级之名也遭弃用，被以"新型攻击型核潜艇"（也就是 NSSN）之名上报立项。从 1994 年夏天到 1997 年 1 月，在近两年半的时间里，该计划始终处于"挑刺"阶段，不是外部通讯系统差劲，就是拖曳声呐扯淡，再不就是没有计划……反正没头没脑，一套太极拳打的设计师们晕头转向，也不知到底发生了什么状况，直到大家都快崩溃之时，国防部才躲躲闪闪地交底：没钱了。

轻描淡写的三个字，在国防部的官老爷们来说犹如吐了个烟圈，但在设计师们看来就如五雷轰顶，个个都气得七窍生烟。没钱早干嘛去了？这不折腾人吗？承建商也没辙，毕竟设计工作都进展一大半了，是停还是不停呢？

或许感觉到了下面的愤怒和猜测，国防部终于答应继续向国会反映、申请。几经磨难上上下下终于达成共识：压缩资金接着干！设计师们总算见到一缕曙光，因为在大家看来，压缩就是有钱，只是多或少的问题，有，总比没有强。就这样，承建商包括工程技术人员只能在扛着十五个水桶的心里状况下，忐忑不安地开工。不过还好，没过多久，设计经费真的到账了。

1998年，经过无数次定案、修改再定案的NSSN计划，终于迎来开建的喜讯：从1998开始到2002分四年，先搞四艘再说。同年9月，就在承建商美国通用电船公司即将动手造艇的时候，"NSSN"之名寿终正寝，取代它的就是"'弗吉尼亚'级攻击型核潜艇"的名称。

该艇长114.91米，艇宽10.36米，装备1座核反应堆，中和性能比较突出。这可以从以下几方面看出来：

首先，它是美国同型潜艇中第一次配备光电潜望镜，此潜望镜能在三种工作模式下自由转换，从而使潜艇具备了全天候、全时空探测能力。

其次，"弗吉尼亚"级潜艇的操控指挥系统具有较高的自动化能力，比如，在它的指挥舱中，不仅集合了平面显示器、潜航系统控制、新型电子监控组件，还配置了声呐数据整理设备、火控装置等，可确保操作员通过上述设备对潜艇运行状态进行监视，提高了功效，减轻了劳动强度。

再者，该艇根据特战需要，加装了新的封闭舱室（亦称"封闭箱"），这里可一次容纳9名特战突击队员，并可直接从水下离艇，执行特殊任务。

还有，该艇选配的多用途鱼雷舱既可装载普通水雷、鱼雷，也可装载巡航导弹、水下潜航器和战场动态传感器等，而且，这些武器全都通过一个液压输送系统独立完成，可让舰员从繁重的装填工作中解脱出来。一方面体现了其多弹种、多用途，另一方面让装填变得轻松、快速。

"弗吉尼亚"级的转型是充分符合美国新时期作战需求的。引领全球防务技术的美国，在新一代攻击核潜艇的战术任务规划上，也同样走在时代的前面。

水下巨兽——"北风之神"级弹道导弹核潜艇

俄罗斯红宝石设计局设计的"北风之神"级核潜艇属于俄第四代弹道导弹潜艇。该艇 2013 年 1 月入役,其性能优异,是俄罗斯海基战略核威慑力量的重要组成部分。

"北风之神"级战略核潜艇属于俄罗斯第四代核潜艇。该型核潜艇携带的"布拉瓦"导弹可以突破导弹防御系统,被视为俄罗斯维持战略平衡、重塑大国形象强有力的保障。

"北风之神"级在性能上超过了其现役的所有弹道导弹核潜艇。其潜行时很难被被动声呐发觉。

"北风之神"级弹道导弹核潜艇艇长 170 米,艇宽 13.5 米,水下排水量 17000 吨,最高航速 26 节,最大潜深 450 米。

尽管俄罗斯近几年经济拮据,但为什么在发展海军重器方面仍然出手阔绰?这是因为要与美军实现水下的战略抗衡急需"北风之神"。1997 年 9 月,美国"俄亥俄"级的第 18 艘也是最后 1 艘"路易斯安娜"号(SSBN-743)加入现役。这样,美国海军核动力弹道导弹潜艇的发展也一度达到了巅峰。

不论是隐蔽性能,还是打击威力和远程攻击精确度等方面,美国的"俄亥俄"

➢ 图 8-9 游弋中的"北风之神"核潜艇

➢ 图 8-10　俄罗斯"北风之神"级弹道导弹核潜艇

级的总体作战能力都要强过俄罗斯的"台风"级。拿什么对抗"俄亥俄"级？那就是"北风之神"。

虽然"北风之神"级战略核潜艇比逐渐被淘汰的"台风"级潜艇形体要小，但在战技性能上却提高了许多，其火力更强大，隐身性能进一步提高，具有极强的先敌发现目标的能力。

"北风之神"级潜艇可以搭载16枚鱼雷和"暴风雪"反潜导弹，同时还可以搭载16枚"布拉瓦"弹道导弹，其射程可达1.5万千米，命中精度为300—500米。该级核潜艇还装备有大量的自卫武器。

在动力方面，"北风之神"级战略核潜艇的主动力装置有一个核反应堆和一个低噪声电动机。该级艇的最大水下航速达到27节，水下机动性能超过"俄亥俄"级。它在减小水下噪声方面取得了最新成就，是"台风"级没法比的。

在隐形性上，"北风之神"的水下排水量比美国"俄亥俄"要小，速度比"俄亥俄"快，下潜深度更是超过"俄亥俄"150米，在水下更安静。该型艇的水下航行噪声仅为108分贝，而且艇体表面敷设了厚度为150毫米的消声瓦，并采用了独特技术，进一步消除潜艇的红外特征、磁性特征和尾流特征。

所以，"北风之神"噪声更小，水下的生存能力更强。它采用的隐形技术使敌方无论在水中还是在空中都很难发现它。

在电子系统方面，"北风之神"艇上安装有一套"公共马车"型自动作战控制系统和一套skat型声呐系统。综合比较，俄罗斯的"北风之神"要强于美国的"俄亥俄"级核潜艇。

它因具有机动灵活、便于隐藏、主动攻击性强等诸多优势而备受各国军队的青睐，而俄罗斯更为重视。"北风之神"级潜艇与其他多用途核潜艇一起构成21世纪俄罗斯海军的主战潜艇。

性能参数

艇体参数	
满载排水量	1.7万吨
全长	170米
全宽	13.5米
下潜深度	450米
水下航速	29节
水面航速	26节
水面排水量	17000吨

续表

艇体参数	
水下排水量	24000 吨
水面吃水	10 米
自持力	大于 90 昼夜
成员	107 人
单舰造价	230 亿卢布（2008 年）
主动力系统	OK-650B 核动力推进系统，反应堆热功率 190 兆瓦，汽轮机出力 50000 轴马力
自卫武装	6 座 533 毫米鱼雷发射管，6 座 324 毫米外部鱼雷发射管，指挥塔内 6 发 MG-114 防空导弹
主装兵器	16 座 D-30 发射器

综合比较，"北风之神"级新一代战略核潜艇的性能要强于美国"俄亥俄"级弹道导弹核潜艇。该级艇是俄罗斯最新军事科研成果的集中体现，配备新一代"布拉瓦"海基战略导弹，将大大增强俄海军实力。

第九章

浅海杀手："艇小鬼大"的小型潜艇

Chap.9

　　大有大的作用，小有小的用途，相对于大型潜艇，小型潜艇噪声低、目标小，更容易利用自身的特点隐蔽接近目标，完成作战使命。因此，小型潜艇更加适合在近海、狭窄海峡执行特殊任务，如封锁海峡、破坏敌海上交通运输线、输送特种部队从海上渗透到敌海岸目标进行偷袭或侦察等，可谓"艇小鬼大"。

以小制大的海底"幽灵"

世界上反潜能力最强大的国家非美国莫属,但面对一些小身板的袖珍潜艇却依然大伤脑筋。据报道,2021年初法国海军透露,在美法两国展开的一场联合军事对抗演习中,"其攻击核潜艇'萨菲尔'号,成功穿过航母防御圈并渗透到美国'西奥多·罗斯福'号航母附近,发射模拟鱼雷将其击沉"。

消息一出,美国震惊。须知,法国的"萨菲尔"号核潜艇,这个听起来貌似强大的水下装备,不仅是该国最老的古董,也是全球最小的在役核潜艇,与美国"西奥多·罗斯福"号航母比起来不成比例,可谓小巫见大巫。该艇最大排水量2730吨,而后者104600吨。难怪美军士兵惊呼:这要是真的,我们早成鲸鱼的美餐了。

可以看出,小微型潜艇尽管小巧,但说它是一种以小制大的海底"幽灵"一点儿也不过分。

潜艇,作为海军兵器的重要组成部分,无论是平时还是战时,都以其神出鬼没的绝技,在茫茫深海中游弋,无不令对手谈虎色变。事实上,在它所参加过的两次世界大战中,都曾战绩卓著。至今,随着各种科技的不断涌现和运用,其发展势头愈发强劲。但好东西并不是谁都能造,放眼全球,如今能完整设计和建造潜艇的国家除中、美、俄及部分欧洲财力雄厚的国家外,屈指可数。而大多数国家不是没资金,就是没人没技术,只能花巨资进口,再加上国小疆域有限,大型潜艇养不起,于是只能将目光投向小微型。就此,那些能在近海大展拳脚且成本低廉、性能卓越、维修保养简便的小不点成为国际市场的抢手货。

那么,小微潜艇是如何界定的?现在世界上到底有哪些著名的小微潜艇呢?

通常来讲,潜艇大小的划分一般采用这样的原则:排水量在2000吨以上的为大型潜艇;排水量在600—2000吨之间的为中型潜艇;而小微型多指排水量在100吨以下的潜艇。但随着潜艇各种装备和功能的增加,这一界定也发生了较大变化,很多小微型的潜艇几乎达到中型标准,只是在实际运用和与大型潜艇比较时成了一个相对的概念。

在长期的探索中,小微型潜艇的设计建造,很多国家都形成了各自不同型制、规格与风格,其中较著名的潜艇有以下几种:

1. 英国的X型小微潜艇

这是二战期间英国生产的一种小微潜艇,该艇全长14.6米,直径1.7米,

▷ 图 9-1　伊朗"加迪尔"级小型潜艇

排水量 30 多吨，它有两种动力来源：以柴油机维持水面航行，以蓄电池和电机推动潜航。攻击手段主要靠位于两舷炸药筒中所装载的一吨烈性炸药。

2. 法国的 SMX-22 型潜艇

这是一种近海型小微子母潜艇，也就是俗称的一拖三，即一艘大的（排水量 2750 吨）母艇，两艘小号的（排水量 480 吨）子艇。两种潜艇除长度、直径、载员不同外，其航速、下潜深度基本一致。作战时，母艇往往作为指挥艇，担负任务分派、命令下达、通信联络和对沿海目标攻击等职责。而子艇多游弋于近海及浅水区域，完成战场侦察、水雷探测、节点布雷、支援蛙人、对敌攻击等任务。

3. 俄罗斯的 P-750 级潜艇

这是一种近海型小微潜艇，由孔雀石潜艇设计局设计建造，同时也是该局生产的众多小微型潜艇中的一种。该艇标准排水量 950 吨，如搭载 AIP 装置模块，其排水量可增至 1000 吨。该艇全长达 68.4 米，航速、续航距离、下潜深度等都十分理想，载员除 9 名艇员外，还可搭载多名蛙人。作战能力包括：4 具鱼雷发射管，8 具反潜鱼雷管，既可发射鱼雷，也可发射巡航导弹。该艇有布雷能力和巡航导弹垂直发射能力，能对 300 千米内近岸目标展开攻击。

此外还有南斯拉夫的用于输送人员的双人小微潜艇、美国用于港岸守备与突袭的 X-1 潜艇等，而瑞典、日本等国也都曾在建造小微潜艇上留下过足迹。

朝鲜的"山高"级

1996 年 9 月 17 日，在距离韩国首尔以东 160.934 千米处的江陵市附近海滩一艘朝鲜海军"山高"级微型潜艇搁浅。

该潜艇上共有 26 名朝鲜军人，他们试图再次开动潜艇潜入海中但没有成功，这些军人带上所有能够携带的武器装备弃艇潜入附近的山林中隐藏起来。

韩国陆军和警察对这些人展开了长达两个多月的搜捕，最终 26 名朝鲜军人中仅有 2 人生存，而韩国方面有 16 人丧生，27 人受伤。

1998 年 6 月，一艘朝鲜"裕古"级微型潜艇在潜入韩国水域后被渔民的渔网缠住失去动力。该潜艇被韩国海军发现后，随即对这艘潜艇进行打捞，当舱盖被打开后发现艇上 9 名乘员均已自杀。

虽然这两次微型潜艇的作战行动均以失败而告终，但这足以说明微型潜艇在实施近海特种作战任务上的突出能力。

"山高"级潜艇可谓当代全球最神秘的潜艇之一。有意思的是，"山高"级潜艇也是在南斯拉夫潜艇以及朝鲜自主建造的 R 级潜艇的基础上设计建造的。

根据《简式战舰年鉴》的数据，该艇于 1991 年开始在朝鲜咸镜南道南浦市峰台锅炉厂投入建造，1994 年首艇建造完成。

自 1996 年起，该级艇计划以每年 4—6 艘的速度建造，但到 1997 年仅完成 3 艘，最终具体建造完成数量不详。

"山高"级潜艇排水量 275 吨，采用柴/电单轴推进，水面最大航程 1500 海里，最大海上自持力 20 天。

"山高"级潜艇有攻击和侦察型两个不同的型号，攻击型的装备有 4 具鱼雷发射管并可携带 16 枚鱼雷，而在该级艇的侦察型中，鱼雷舱则被改为容纳额外作战人员的舱室。这种特殊的潜艇甚至在艇内设计有一个水密舱室，故而具备在水下投送蛙人进行两栖作战的能力。

20 世纪 90 年代，伊朗和朝鲜在设计和建造微型潜艇方面就开始进行合作，而且两国在小型潜艇的设计理念上有着高度的相似。

"裕古"级潜艇是朝鲜海军现役的排水量仅 70 吨的微型潜艇，这远远小于

排水量 270 吨的"山高"级潜艇。"裕古"级和"山高"级却同为源自南斯拉夫潜艇的设计，该艇还曾出口至越南。

与此同时，有消息称在伊朗海军服役的潜艇中，也有 3—4 艘排水量为 90 吨的型号不明的微型潜艇，这些潜艇也正是"裕古"级艇。这些微型潜艇可执行布雷、运送蛙人及侦察等任务。

▶ 图 9-2　朝鲜"山高"级潜艇

"比拉鱼"钛合金袖珍潜艇

1991 年，苏联解体后的许多舰艇没有编入俄罗斯海军。其中一种设计代号为 865 的小型潜艇"比拉鱼"号就是这样一种舰艇。

"比拉鱼"号小型潜艇以亚马孙河三角洲水域的凶猛食人鱼——比拉鱼命名，该型潜艇的设计主要用于特种作战和近海防御水面舰，引起了许多国家的极大兴趣。

"比拉鱼"号小型潜艇，由俄罗斯大名鼎鼎的孔雀石海军机器制造局设计，该型潜艇诞生于 20 世纪 80 年代，艇长 29 米，宽为 4.7 米，水上的排水量 218 吨，水下排水量只有约 319 吨，最远的航程为 100 海里，最大下潜深度为 200 米。

"比拉鱼"小型潜艇非常小，不过，它的作战性能还是不容小觑，该小型潜艇最多可搭载 9 名成员，配置的 2 具鱼雷发射管可以发射鱼雷或水雷执行反舰任务或布雷任务。

更为重要的是，"比拉鱼"还能利用其目标小便于隐蔽的特点进行特种作战，在战时可携带特战队员乘坐人操鱼雷对敌方重要水上目标进行偷袭。这种潜艇在未来的低强度渗透作战中还是大有可为的。

苏联缺少设计和建造这类小型潜艇的经验，也不可能利用已有的或开发用于远洋潜艇的设备，这样就要制造小型的无线电装置、低噪和低磁设备，以及

> 图 9-3 "比拉鱼"号小型潜艇

生命保障系统。新的工程技术问题是必须完成大量的预研设计以及模型和实际试验。

1984 年 7 月，小型潜艇试验艇在列宁格勒海军上将船厂开工建造。艇体采用钛合金，耐压艇体用适于极限下潜深度的内压力进行了液压试验。

指挥舱是小型潜艇人员值守的主要舱室，其中分布有操纵台、仪表盘和信息成像装置，以及主要的潜艇系统和装置的控制机构。

指挥舱的舱壁上设有进入潜水员减压舱的入口、观察潜水员的舷窗，以及从指挥舱向减压舱输送物品的闸门。

指挥舱内还集中了保障潜水员减压过程的控制系统，这套系统是当潜艇处于水中 25—60 米深度时，可以保证轻装潜水员的安全出舱和返回。尾部平面舱壁设有水密门，将指挥舱与电机舱隔开。

在电机舱内，柴油发电机、推进电动机、泵、风机等其他设备安装在减振平台上。潜艇采用二级减振系统，再加上艇体外敷设了消声瓦，使潜艇的噪声极小。

艇员长时间在封闭的艇内工作和生活，承受着极大的心理压力以及日益增长的疲劳感，苏联曾在"比拉鱼"小型潜艇上进行过一项试验。在 10 昼夜内，参试艇员位于完全模拟潜艇指挥舱的隔离舱内，变化中的外部海况条件用无线电装置模拟器给出。结果，所有参试艇员都通过了这种试验。

图9-4 "比拉鱼"钛合金袖珍潜艇

值得注意的是，孔雀石制造局首次为该潜艇设计了从耐压艇体遥控的武器装备外置装置，外置的装备包括两个用于运载专用潜水设备的装载舱，以及两具布雷装置或两具鱼雷管。

1993年，"比拉鱼"号小型潜艇首次参加了阿布扎比国际武器和军事技术展览会。多国军事人员认为，海上边界线较长的国家，非常适合采购造价相对低廉、乘员人数较少的小型潜艇。

在此之后"比拉鱼"号小型潜艇又参加了多次国际武器展览会。通过在展览会上反馈搜集到的信息资料并考虑到专家的意见，孔雀石设计局又提出了该潜艇的各种改型设计方案。

"比拉鱼"号小型潜艇与较大排水量的潜艇不同，小型潜艇的一大优势就是可以短时间内迅速批量建造，一个造船厂可同时建造数艘潜艇，能以几个月的时间间隔向客户交付，而且今后几年内小型潜艇需求将急剧增加。

俄罗斯小型潜艇"比拉鱼"号是一种通用型潜艇，军事和经济评价显示，使用这种潜艇作战的成本相当低，而效率却相当高。

袖珍潜艇XE-3

袖珍潜艇就是潜艇中的最小的一种潜艇，通常这种潜艇的排水量在100吨以下，称为袖珍潜艇，甚至有些更小的潜艇，排水量或只有几吨。

世界上最先发展微型潜艇的国家是意大利。在第一次世界大战后，意大利曾经设计制造了一款名为"凯旋车"的微型潜艇，艇长只有6.7米，最大排水量为1.5吨。

英国海军在1940年建造了一款排水量仅36吨的袖珍潜艇。第一艘艇建成时，代号X型艇。1944年，又反复对该设计进行了修改，之后又建造了11艘，这款微型潜艇被称作XE型艇。

1944年7月，这些XE型微型潜艇的6艘被运到太平洋地区参加对日作战。XE型艇并非普通大型潜艇的简化版，它们的使命就是突入敌港，出其不意攻击锚地停靠的舰船，是名副其实的"水下刺客"。

XE型艇构造相对简单，它并没有上层建筑，也不携带鱼雷。武器装备为2个浮筒，分别挂在艇的左右两舷，里面可以装定时水雷，也可装高爆炸药。此外，XE型艇上还装有一个强力割网器，蛙人可以用它割破防潜网。

1945年5月9日，纳粹德国签订投降书，宣布投降，欧洲战事宣告结束。于是，英国海军把打击重点放在了日军舰艇云集的新加坡。

通过侦察获取到的信息显示，排水量13000多吨的日军重型巡洋舰"高雄"号正停靠在新加坡港内。

1944年10月，"高雄"号随日军舰队进击菲律宾莱特湾时，在巴拉望水道遭到美国"海鲫"号潜艇攻击，重伤撤到新加坡。

英国海军抓住这个千载难逢的机会决定拿"高雄"号开刀。执行此次任务的正是微型潜艇XE-3号，该艇前往距新加坡港大约40海里的出击水域。航渡期间，袖珍艇每隔4小时上浮换气，其余时间在水下潜航。

XE-3号艇计划先由"航渡艇员"驾驶，"战斗艇员"则在"冥河"号上养精蓄锐，到达出击水域后，"战斗艇员"替换"航渡艇员"，脱离母艇独自进

▷ 图9-5 1945年，英国海军的XE级袖珍潜艇离开母艇出击

港作战。

1945年7月30日，XE-3号袖珍潜艇从文莱基地拖弋出海，驶往新加坡附近海域。到达预定的柔佛海峡水道后，XE-3号上的"战斗艇员"解下拖缆脱离母艇，沿柔佛海岸缓缓行驶，经普劳德公岛，直抵新加坡海峡入口。

日军在港湾入口外侧布有雷场，水道内还设有监听声呐。为了避免暴露，XE-3号释放出蛙人出艇用割网器割破防潜网，成功为袖珍艇进港开道，XE-3号逐渐深入港内。

负责导航的弗雷泽忽然在潜望镜里看见一艘满载水兵的交通艇从一旁驶来。他赶紧降下了潜望镜，看看表，时间已是14时整，仍然没有发现"高雄"号巡洋舰的锚泊位置。

XE-3号艇贴着海底向前蠕动，仅仅依靠罗盘导向。弗雷泽眼盯手表，注视着时间。又过去了30分钟，忽然，艇艏撞上了某艘大型舰艇的船底，发出如同重锤敲打空心钢壳的巨响。袖珍潜艇艇身一歪，险些翻覆。凭经验判断，弗雷泽认定他们头顶上的大家伙就是"高雄"号。

XE-3号艇找到了比较理想的出击位置，按照操作流程，XE-3号艇的逃生舱内注满海水，蛙人做好出艇准备，蛙人的任务是带着6枚磁性水雷游至"高雄"号船底，将水雷吸附在长满海藻贝壳的船身上。

但是，蛙人发现舱盖竟然被"高雄"号的舰底给顶住了，只能半开。蛙人只有放掉水下呼吸器中的部分空气，让背上的空气袋下瘪，才勉强钻出舱口。

在"高雄"号的底部，半个多小时以后才完成在船底布设水雷的任务，它们被分散放置在大约15米的范围内，然后蛙人成功返回舱内。

XE-3号紧急下潜到潜望镜深度，驶向外海。不久，它重新钻过防潜网，穿出雷场，平安赶到出击点，找到"冥河"号潜艇。

21时30分，它布下的水雷全部起爆，在"高雄"号的舰体上炸开一个长18米、宽9米的大洞。完全丧失出海作战能力的日舰只有困居港内。

日本投降后，英军扣留了"高雄"号，1946年10月29日，"高雄"号作为靶船被击沉于马六甲海峡。

"甲标的"袖珍潜艇

1941年11月，日军以第6舰队27艘潜水艇并载有5艘特种潜水艇组成的先遣舰队，分别从横须贺、佐伯湾出发，分三路，直扑夏威夷，担负侦察监视和截击美舰队的任务。

1941年12月7日，日本对珍珠港实施突然袭击，重创了停泊在珍珠港内的美海军舰船。一共击沉8艘战列舰和10余艘其他大型舰只、20余艘中小型舰艇，击毁美机约180多架，毙伤美军3500余人。

在这次偷袭珍珠港的行动中，日本海军的5艘"甲标的"袖珍潜艇在攻击发起的前夜就已经潜入珍珠港。虽然在此次行动中，这5艘"甲标的"袖珍潜艇没有发挥重要作用，但其隐蔽性还是很强的。

1933年，日本海军潜艇部队设计了2艘外形类似鱼雷、可携带辅助武器、由水面舰艇搭载的微型潜艇。同年8月，进行了全尺寸模型试航。

第一艘试验艇于1934年在吴港竣工。1938年，日本军方拟定了一份建造49艘"甲标的"袖珍潜艇的绝密计划，建造的地点设在大浦崎海军工厂。1940年，试生产的2艘袖珍潜艇HA-1号、HA-2号完工。

1940年11月15日，日本海军正式定名甲型特攻潜艇，为了保密称作"甲标的"袖珍潜艇。

"甲标的"袖珍潜艇艇长23.9米，排水量为44吨，水面最高航速为25节，水下最高航速为21节，最大的下潜深度为100米。

日本从1938年建成第一艘到1942年8月一共建造了大约60艘袖珍潜艇。最初日本将这批袖珍潜艇称为"A标的"，后来才改为"甲标的"。

从1942年开始，为了降低故障率，在A型的基础上进行了改进。改进后的B型、C型用柴油机代替了工作不稳定的电动机，乘员也增加了1人。

不过"甲标的"的改进型B型和C型生产数量很少，1943—1944年仅生产

▷ 图9-6 日本"甲标的"袖珍潜艇

了 1 艘 B 型袖珍潜艇和 15 艘 C 型袖珍潜艇。

1943—1944 年开始试制丁型袖珍潜艇，1945 年初已经开始批量生产。丁型袖珍潜艇重 19 吨，水下航速 10 节，水上航速 7.5 节，乘员 2 人。

该型潜艇原计划要生产 760 艘，实际生产了 200 余艘。最初设计的武器能够携带 2 枚鱼雷，但大部分该型潜艇只在首部加装了一枚雷头，主要用于执行自杀攻击任务。

在偷袭珍珠港时，每艘袖珍潜艇携带了 534 枚铅锭作为压载物，总重 5899 磅。当艇体平衡出现问题时，艇员需要往外扔铅锭，以保持平衡；当潜艇即将撞到水下暗礁时，艇员可以把铅锭扔到水里作为缓冲物，以减轻撞击对艇体造成的损害。

"甲标的"的控制舱内装有深度和操纵设备、潜望镜、一部小型电台、鱼雷发射管控制装置、电罗经、陀螺仪、温度调节器、电动平衡阀门、低压空气通风管、氢气浓度探测器（氢气浓度过高，会引发爆炸，必须及时通风）。

后电池舱装有 36 块电池、空调设备、空气净化装置，以及一个 56.5 加仑的平衡水柜。动力舱内装有马达和控制仪表，在尾部水柜里充满了海水，推动轴也在这个舱里。

"甲标的"艇体外部设备比较少，包括一根橡胶包裹的 32 英寸环形天线、潜望镜、2 个白色的航行灯。前灯被包住了，估计是为了偷袭珍珠港时防止灯光暴露目标。

➢ 图 9-7 "甲标的"袖珍潜艇

此外，还有割网器、电池废气通风装置，以及有线电话，还有用于将袖珍潜艇固定在母艇甲板上的钉状突起。

日军袖珍艇的设计目标，是由母舰运载，在大洋上拦截美军舰队，因此注重高速性能，艇身修长，且以450毫米常规鱼雷为武器。

但开战以后，实战环境却是港湾袭击。这样一来，侧重高速性能的艇体设计就不适用了，因为在狭窄的港湾中，不但不可能高速机动，而且修长的艇身反而使艇的运动笨拙。反观英国X艇，短粗的艇身在港湾机动中就游刃有余。

日军袖珍艇的鱼雷也不适用于港口突袭。一是口径小威力弱，二是容易使艇暴露。作为对比，英军和意军的袖珍艇主要以定时炸弹为武器，安装到目标后不立即起爆，能给袖珍艇充足时间撤离。

此外，X艇有水闸舱，可供艇员临时出舱处理异常情况，军人操鱼雷干脆就是潜水员坐在鱼雷上。而日军袖珍艇人员不可能出舱，也就不可能应付港内的复杂情况。

第十章 折戟大洋：潜艇事故与灾难

Chap.10

潜艇，在给战争带来无限神秘的同时，也给其使用操纵者带来巨大风险。避开战争给潜艇所带来的灾难不说，仅和平时期发生的潜艇灾难，先有2000年8月俄罗斯"库尔斯克"号潜艇沉没事件，后有英国"不懈"核潜艇空气净化系统爆炸事件。即便是在最佳的操作环境中，驾驭潜艇仍是一件十分危险的事，而在未来也可能依然如此。

"库尔斯克"号核潜艇的沉没

"库尔斯克"号核潜艇是由俄罗斯顶级设计局红宝石设计局设计的。"库尔斯克"号上的许多设计方案都是世界上独一无二的,是俄海军最新的战略核潜艇,也是当今世界最大的核潜艇之一。

"库尔斯克"号核潜艇排水量达1.39万吨,艇长154米,高18米,最大潜水深度为300米。

动力方面,该潜艇配备两台核动力装置,反应堆采用两台VM-5型压水堆,堆芯寿命长达12年以上,续航能力30万海里,续航时间4个月,潜航速度28节,水面19节。

"库尔斯克"号核潜艇所携武器包括:位于艇首中部的24枚3M-45"花岗岩"超音速中远程掠海多用途导弹;该弹战斗部常规装药750千克,核装药500千吨TNT当量,可打击550千米范围内目标。

该艇载员107人,包括48名军官,59名士兵,特殊情况载员总数可增至135人。

1995年1月,"库尔斯克"号核潜艇正式加入俄罗斯海军北方舰队第四十一巡航导弹核潜艇大队。

20世纪90年代中期,北方舰队受到军费紧缩的打击非常大,北方舰队的很多潜艇被废弃在船坞里慢慢生锈,这其中就包括"库尔斯克"号核潜艇。这种情况一直到了90年代末期才获得部分改善。

1999年,"库尔斯克"号成功地完成了一次到地中海的侦察任务,在科索沃战争监视美国海军的第六舰队。

2000年8月10日,俄罗斯在位于北方的巴伦支海展开自苏联解体后最大规模的海上军事演习,作为这场演习训练主力的北方舰队所属"库尔斯克"号核潜艇,携带24枚导弹和20多枚鱼雷加入,两天的演训科目波澜不惊,但到了12日中午11点半左右,"库尔斯克"号在发射一枚操雷后,情况发生变化。

当时,在离"库"艇30海里海域指挥演训的旗舰"彼得大帝"号侦测到了一次不同寻常的爆炸声,紧接着,舰上声呐再次收到同样的声响,而两次动静均来自"库尔斯克"号核潜艇所在的海域方向。据日后有关报道,就在上述状况发生的同时,挪威地震研究所也侦测到同样方位的两次大爆炸,而通过地震设备测量到的震动达里氏2.2级。面对这一突发状况,演训指挥部立即呼叫"库"

> 图 10-1　"库尔斯克"号核潜艇

艇,寻问方位和刚才的情况,但没有回答。不仅如此,本来按预定时间上浮的"库"艇也没有出现,此时,一种不详之兆萦绕在所有人的心头。

北方舰队在立即进行研判后初步断定,两次剧烈爆炸可能对"库尔斯克"号核潜艇造成致命损伤。为此,指挥部果断决定:演训暂停,所有参训舰只迅速赶往"库"艇所在海区展开搜寻,同时命令空中反潜力量前往配合。大范围搜寻工作持续近16个小时,直到13日凌晨5点,才在距俄海岸135千米的海域,发现了已经坠入深达108米海底的"库尔斯克"号核潜艇。随后,满怀悲痛的搜救官兵一边希望找到幸存者,一边在水面投下沉点标志,指挥部亦将情况报告给了总统普京。

14日中午,俄电视台正式对外宣布,"库尔斯克"号核潜艇在演训中沉没。接着,英国、挪威提出协助救援的建议。整个救援工作一直进行到同年8月20日,在多国共同努力和机器人等先进设备的协助下,最终确认,"库尔斯克"号核潜艇上118名官兵已全部遇难。

打捞工作一直到2001年9月才开始展开,俄罗斯出资5亿卢布,

> 图 10-2　"库尔斯克"号事故后的壳体

从9月份开始与荷兰一家公司联合打捞"库尔斯克"号，潜艇将被锯成两端，荷兰公司负责打捞后段，俄罗斯负责打捞含有机密武器的前段。

2001年10月23日，"库尔斯克"号在船坞里浮出水面，逝世118人中的115人的遗体被发现，被葬在俄罗斯。

2001年10月29日，俄政府调查委员会首次公开沉没的原因是："库尔斯克"号核潜艇所携带的一种口径为650毫米的鱼雷发生了爆炸，引爆了鱼雷舱其他鱼雷，结果炸沉了"库尔斯克"号核潜艇。

"旧金山"号核潜艇失事

作为全球唯一超级大国，长期以来，美海军潜艇在各大洋横冲直撞如入无人之境。但常在河边走哪有不湿鞋，核潜艇事故的发生，是不可避免的。

2005年1月8日，在位于关岛以南563千米处高速航行的美海军"旧金山"号核潜艇，正在150米深的海底做"自由伸展"运动（航速30节左右），没承想，一阵猛烈的撞击声打破了海底的沉寂。全体艇员统一懵圈，四处乱窜。因为事发突然，连轮班睡觉的水兵还以为自己做了个蹦迪梦。令他们万万没想到的是，这并非梦境而是实实在在的险境。

原来，"旧金山"不仅把海底突出的山体"惊"得乱石翻滚，也把自己撞的鼻斜嘴歪：舰首声呐罩"体无完肤"、压载箱严重变形、球形声呐导流罩完全报废、一名艇员被撞死、98人被撞伤。可以说，"旧金山"号核潜艇武功基本被废，所幸艇上的核反应堆未出意外。

事后美国海军曾解释遮掩：此次"不幸"完全是使用了旧的海图，"旧金山"撞伤的山体在图上根本没有标示。然而，很快就有海洋专家批驳，这纯属无稽之谈，理由是，不少海图早就划出了危险地段，事故原因很可能就是艇员玩忽职守造成的；也有人说它是去澳大利布里斯班做客访问；还有报道认定，"旧金山"是在追逐他国潜艇时出的问题。一时间，众说纷纭莫衷一是。

最后，尚存余力的"旧金山"号核潜艇不得不艰难地冒出水面，悻悻然逃回大修厂接受"手术治疗"，也算捡了一条小命。

应该说，"旧金山"号核潜艇在没出事之前还是有几分光彩的。该艇属于美国"洛杉矶"级核潜艇的首批型号，"旧金山"号核潜艇因为造型简洁大方，所以成了美国历史上产量最多的网红型核潜艇，建造数量达62多艘。本次秀砸锅的"旧金山"座次排在第 24 位，编号有英语也有阿拉伯数字，称作 SSN711。该艇生于 20 世纪 70 年代，1981 年 4 月底，翅膀长硬后参军。

该艇全长 110.3 米，艇宽 10 米，吃水 9.9 米。最大排水量 6927 吨，水下航速 32 节，最大下潜深度 530 米，续航里程 40 万海里。潜艇载员 133 人（含 13 名军官）。

"旧金山"号核潜艇采用纺锤型外壳（也有称水滴型的），尾端尖瘦，艇体外观修长灵动，在艇体尾部装有"十"字形垂直舵和水平舵。在水平舵外缘装有长 1.22 米，高 1.83 米的小型垂直稳定翼，这样的设计极大地提高它的隐蔽性和在水下高速航行中的稳定性。

动力方面，该艇配备 1 台循环能力强、安全指标高的 S6G 型核反应堆，堆芯寿命为 15 年，可确保其在 30 年的服役期内仅需更换一次核燃料。

武器方面，"旧金山"号核潜艇安装有 4 具 533 毫米的鱼雷发射管以及 12 具导弹垂直发射筒，既可发射 MK48 先进攻击型双平面鱼雷，也可发射战斧式巡航导弹。具有较强的综合打击能力。

其余的诸如电子设备、隐身性能防噪配置等，也几乎面面俱到，可谓十八般武艺样样齐全，所有好东西都可在它身上看到。

然而，再好的家伙什，也得靠人操弄。本次"旧金山"遭遇滑铁卢，应该说人为因素是其中最大的疑点。试想，如果美国大兵不得意忘形；如果海图再

▷ 图 10-3 "旧金山"号核潜艇事故

标示清楚一些；如果少些冷战思维，不在海上耀武扬威……那么，"旧金山"号核潜艇也不会受此"皮肉"之苦。可惜，世界安全词典里没有如果。

事实上，"旧金山"式的洋相，美军并未少出，"旧金山"的苦难也绝非首次。早在1943年10月，第二次世界大战激战正酣时，美军就在与日军争夺塔拉瓦岛的战役中，因沿用百年前的水文图而吃尽苦头，以致当时的美军登陆艇都无法找到登陆点，害得海军陆战队员们不得不冒死下海强行横渡登陆。仅这一次战斗，便造成3000多名士兵冤死海滩，教训之深刻无以复加。

美军"北梭鱼"号潜艇突发大火

水下猎手潜艇把深海当作最好的隐蔽所，但同时由于水下环境复杂，水压巨大，大海往往也会成为潜艇的墓地！

美国海军"北梭鱼"号柴电潜艇属于"长颌须鱼"级潜艇。该型潜艇是第二次世界大战时期美国海军的主力型潜艇，建造并服役了不少的数量。"加托"级潜艇属于大型远洋潜艇。

1988年，一艘美国水滴型常规动力攻击潜艇"北梭鱼"号在进行对抗训练时失火烧毁。

第二次世界大战结束后，美国就很少建造常规动力潜艇，而"长颌须鱼"级潜艇就是美国建造的最后一批常规动力潜艇，该级潜艇一共建造了3艘，包括"长颌须鱼"号、"北梭鱼"号、"红大马哈鱼"号，而且都是水滴型的先进常规潜艇。

第二次世界大战后，美国人从德国人那里获知潜艇的水下速度是可以超过水面航行速度的，于是开始了新型艇型的研制，以提升潜艇水下速度。这就是被称为"水滴型"的新艇型。

为此，美国建造了不带武器的纯试验艇"大青花鱼"号。该艇的研制非常成功，为美国核潜艇的艇型发展进行了充分论证。

但是"大青花鱼"号是没有武器装备的试验潜艇，在设计水滴型核动力潜艇之前，稳重的美国海军还是决定先造3艘带武器装备的水滴型常规动力潜艇再说，这就是"长颌须鱼"级潜艇。

该级潜艇艇长66.8米，艇宽8.8米，水下排水量2637吨，采用水滴型艇体，水下最大速度19节。

▷ 图10-4 奔赴训练海区的"北梭鱼"号潜艇

首艇"长颌须鱼"号1959年建成服役,其余两艘"红大马哈鱼"号和"北梭鱼"号分别于1960年和1959年服役。

1988年4月24日,艇龄已经将近30岁的"北梭鱼"号潜艇在卡纳维拉尔角160海里处与"约翰·肯尼迪"号航母和"卡尔"号护卫舰进行反潜对抗演练。

下午16时30分许,正当潜艇艇员紧张地与航母、护卫舰进行对抗时,蓄电池舱传来了爆炸声,瞬间红色告警灯四起,浓烟弥漫。威尔逊艇长当机立断指挥潜艇上浮,并向附近船舶发出求救信号,同时组织艇员灭火。

随着压载水舱的海水排出,潜艇很快浮出了水面。但是艇内的灭火行动非常不顺利,由于火灾快速蔓延,刺激性气体在多个舱室中肆虐,多名艇员中毒倒下,而起火点的艏蓄电池舱更是无法进入。在第十二名艇员倒下后,艇长不得不下令弃艇。

受伤不省人事的艇员被其他艇员拖出潜艇,航母和护卫舰也靠了过来。3名受伤严重的艇员被送上了航母进行医治。

但是上船后一清点,发现3名艇员不见了。也不知道他们是在潜艇里还是掉海了，由于潜艇已经被刺激性有毒气体充满，一时难以确认。不过经过检查潜艇水密并没有破坏，不存在沉艇的风险。

4月26日，潜艇救援船"帕特莱尔"号赶来，在风浪中固定好"北梭鱼"号潜艇。救援人员顶着恶浪登上潜艇，将艇身上的舱门关闭，防止海水倒灌进去，同时通过围壳上的舱门将艇内的有毒气体排出。此时，另一艘"起重机"号打捞船也赶赴现场。

经过1天的排烟，救援人员终于进入了被大火烧毁的潜艇内部，四处散发出焦糊味，最终发现了失踪3人的遗体。此次火灾事故中，由于救援及时，共有89名船员获救。

事后，美国海军认为这三艘已经老旧的常规潜艇隐患难除，因此在1988年到1990年里将三艘潜艇全部退役。从此，美国海军才真正成为水下核动力舰队！

苏联K-19号核潜艇事故

冷战之苦，苦了世界，也苦了自己，美国潜艇出尽洋相，苏联也一样付出代价。时至今日，每当人们提到"寡妇制造者""不死鸟"等骇人词句的时候，就会不由自主地想到好莱坞大片；想到那些可怜的苏联水兵；想到那个多灾多难，集火灾、泄漏和碰撞于一身的名叫K-19的"旅馆"级弹道导弹核潜艇。

可以说，这个K-19核潜艇几乎就是悲伤、绝望的代名词，是冷战阴影下，人人忌惮的诡异符号。

美苏争霸时期，美国和苏联在不同的领域全面竞争，从1955年起，两国在水下战略力量方面展开了军备竞赛。1954年，美国先于苏联建造出世界上第一艘核潜艇"鹦鹉螺"号，并随后在1959年12月又建造出第一艘"乔治·华盛顿"号弹道导弹核潜艇。

这意味着核潜艇运载的核武器将难以监控并可能抵近苏联国境对其形成威胁，打破核威慑的平衡。于是，在当时核动力技术还不成熟的情况下，苏联领导人仍下令不惜任何代价研究建造核潜艇。

仅仅用了一年半的时间，苏联第一艘弹道导弹核潜艇K-19号于1959年10月下水，该艇可以携带3枚140万吨TNT当量射程达数千公里的P-13弹道导弹。由于匆匆上马，许多技术还不过关，但毕竟还是研制出来了。

1961年4月12日，K-19号核潜艇在巴伦支海海域险些与美国"鹦鹉螺"

号核潜艇相撞，在紧急规避时，艇艏碰到海底，所幸艇身没有解体，但这只是K-19刚刚开始的厄运。

1961年7月4日凌晨，K-19号在参加苏联海军在丹麦海峡举行的"极圈"演习时，由于动力核反应堆冷凝系统发生故障，高温蒸汽穿过一个压力传感器的管子泄漏出来，循环系统的两个水泵相继发生了故障，冷却水开始减少，核反应堆所在区域温度迅速升高。

事故发生时，在核反应堆隔舱中工作的艇员已受过量核辐射照射并被高温蒸汽灼伤，为避免K-19号核反应堆发生爆炸，艇长决定采取人员冒险救艇措施。

自愿报名的水兵2人到3人分为一组，在没有任何防护措施情况下，冲入隔舱内轮番用手将炽热的核燃料元件取出放入水中冷却，此举成功地阻止事态的扩大。

然而这些水兵英勇的举动也付出了惨重的代价，8名参加抢险的官兵因高温和受到强辐射照射当场牺牲，其他参加抢险的官兵中有14人在不久后也相继死去，而当时在潜艇上服役的幸存船员中，多数人的寿命不超过50岁。这次事故发生的消息直到1990年才解密，组织抢险的艇长扎捷耶夫事后被逮捕，后被释放。

事故发生后的K-19号核潜艇继续服役，依然灾祸连连。1969年11月15日，该艇又与美国"小鲨鱼"号核潜艇发生碰撞，造成两艘潜艇损伤；1972年2月24日，K-19号又在纽芬兰东北部发生一次火灾，这次造成了28名水兵死亡。

K-19号核潜艇事故是世界各国海军核潜艇灾难事故的开端，类似的事故悲剧在随后的60多年接连不断地发生着，有的披露于世，还有许多无声无息地埋藏在大海深处。

接二连三的灾难性事故，使K-19号弹道导弹核潜艇受到来自多方的诟病。然而，霉运似乎盯上了K-19号核潜艇，让它甩也甩不掉，挣也挣不脱。1991年6月4日，就在它谨小慎微地正常航行时，其反应堆再次拉响警报——出故障了，好在艇员有了前车之鉴及时控制才没有酿成大祸。这次事故之后，苏联海军打心眼里害怕了，不但艇员对它谈虎色变，而且其家属们也是提心吊胆，虽然军方为"辟邪"给它重新拟定了"不死鸟"这个铿锵有力的名字，但对海军官兵来说，上艇依然被认为就是上刑场，谁也不愿拿命去冒险。最后，考虑到该艇的悲惨命运，苏联军方也只好决定将K-19转为基地训练艇，仅在离岸不远的海域游弋，直到2003年最终宣布退役并拆除。至此，K-19号走完了它曲折困苦的"艇生"之路。

➤ 图10-5 K-19号核动力弹道导弹潜艇

很多人说，K-19号核潜艇的一生是悲凉的一生，也是被关爱被拯救最多的一生。其实，没有谁愿意获得这样的呵护，也没有哪艘潜艇喜欢这样的"荣誉"。毕竟潜艇，这个具有水中蛟龙之称的海战装备，造价高，效用大，并不是手中的玩具。而人，更是不可枉顾的战争之本。尽管如今，K-19号核潜艇早已无影无踪，但是它所经历和承受的所有挣扎，都将成为潜艇设计、建造和操作中不可忽视的重要环节。

一滴油漆闯下的大祸

在见证了"库尔斯克"号的沉没、"北梭鱼"上的大火和"K-19"的苦难后，我们对潜艇的理解是复杂的，但当我们继续将时针倒拨并来到80多年前的1939年时，我们还是会惊奇地发现，其实潜艇的灾难事故早已如影随形触目惊心，只是这次的主角变成了英国皇家海军的T级潜艇"西提斯"号。

当年6月1日，正是这艘号称"宇宙最强"，天下无敌的水中幽灵，在一派祥和的处女秀走台氛围中，葬身海底，成为"日不落帝国"心中始终挥之不去的阴霾，以致偷偷隐忍了68年后，才在2007年10月31日，通过国家档案馆昭告全球：我们可怜的"西提斯"没了。事实上，这本来就是一场迟来的"告白"，因为至事发后的1955年，整整16年间，军方的调查报告决不仅仅一张、一次，但此次通报的时间点却单单标明：来源于1966年。显然，其装腔作态欲盖弥彰的做派早已昭然若揭。只是悲剧已经发生，人们关注的不过是事故的本身，至于英国的"绅士"演技，鬼才会去计较。

事实上，这是一次本可避免但却完全被忽略的小儿科事故。

1939年6月1日上午，被英国人寄予厚望的最新产T级潜艇"西提斯"号慢悠悠地从利物浦港湾出发，直向大西洋而去，以执行最后一次的潜航试验任务。此时，岸上军政要员和设计者们莺歌燕舞，艇上官兵更是喜气洋洋，都在翘首盼望这个世界顶级的庞然大物，能顺利通过"考核"，一展老帝国的雄风。

伴随着喧嚣，潜艇终于离港并慢慢游向大洋，十分钟、一刻钟、半小时，时间一分一秒的过去，"西提斯"号"步态"平稳，一切都在预料中前行，艇员们也开始逐渐从兴奋转入工作状态。

▶ 图10-6　"西提斯"号潜艇

而被安排过来专门为"西提斯"保驾护航的"黄铜"号救生船也亦步亦趋地紧随其后。但60分钟后，当潜艇进入下潜模式时，艇员们发现，因压舱物太轻，潜艇硬生生不肯下潜，此时已临近中午，潜艇正处于海底几十米的浅深处。面对不听话的潜艇，艇长有些着急，他立即下令，速速将鱼雷发射管的内层盖子打开，以放进海水增加潜艇自重，帮助潜艇下沉。

然而，一切都似乎搞砸了，因为在手下打开内层盖子时，外层的盖子也同时"城门"洞开，而它的失守，直接让海水像脱缰的野马一般，浩浩荡荡地向艇舱涌来，一眨眼的功夫，迅速灌满多个隔离舱室。上百吨无牵无绊的海水的确是增加了潜艇的重量，但却严重超过了它的承受能力。在毫无准备的情况下，已泡在水中的艇员只能眼睁睁地看着翻滚的海浪在艇内肆意汹涌，并默默祈祷上帝开恩。而潜艇也跟他们一样，带着无奈一头朝海底扎了下去。

整整3个半小时之后，皇家海军潜艇司令部才接获"西提斯"号潜艇失事的消息。一时间整个司令部紧急动员，很快，一场拯救行动的大幕正式拉开。

按设计要求，"西提斯"号潜艇上所携带的氧气是可以维持50多名艇员危急时刻使用的，但这次不同，因为是试验性航行，所以，艇上除部分官兵外，还有不少随艇技术人员，造成艇上人员达到了创纪录的103人之多，氧气的供应时间可想而知。

时间就是生命，外面的人在行动，艇上的官兵也在绝望中拼死自救，曾经有艇员使出浑身解数希望能关闭发射管外层盖子，但没有成功；还有的艇员试图倒掉艇上燃油甚至是饮料，以减轻艇重增加浮力，但同样枉费心机。好在有4人冒险打开舱门自主浮上海面后，被"黄铜"号救生船救起。

"黄铜"号急忙利用这个机会打探艇上情况，在听完艇员描述后，该船立即放下缆绳，希望借此拉住下沉的潜艇，可惜螳臂当车无力回天，不仅缆绳折断，自己也差点倾覆。至此，"西提斯"号潜艇彻底失联。

尽管救援力量正开足马力赶来，但离出事海域路途遥远，最近的也在上百英里之外，所以，"黄铜"号只能孤军奋战，希望还有艇员能冲出海面，然而，海面寂静，一切都成为奇幻的泡影。

陆续赶到的海军不同舰船迅速展开大范围搜索，经过连夜奋战，终于在次日上午找到"西提斯"号潜艇的残骸，但悲剧还是发生了：艇上99人全部失去生命体征。

后经核实，所有遇难者均死于缺氧，而潜艇失事的原因则被证实是船厂员工在涂装鱼雷发射管时，不小心将一滴油漆滴在了上述发射管的保险阀门上，以致该阀门被死死地粘住。而受命打开内层管盖的艇员在并不知情的状况下，将内外两层盖子一同揭开，于是，悲剧上演了。

"西提斯"号潜艇事故一经披露，全英震惊，民众一片悲愤。报刊斥责船厂做的不是潜艇而是"海底棺材"，头天还喜上眉梢的军政要员们也纷纷收敛笑容，摆出一副苦不堪言的神态。为避免悲剧重演，有人还别出心裁搞出了一种"西提斯栓"，专门防止鱼雷发射管外层盖子被误开，据说还申请了专利。